Collection **Scribe**

Project 2013

ISBN : 978-2-7460-8522-0
Imprimé en France

Editions ENI
Rue Benjamin Franklin
44800 St HERBLAIN

Tél. 02.51.80.15.15
Fax 02.51.80.15.16

e-mail : editions@ediENI.com
http://www.editions-eni.com

Collection **Scribe** dirigée par Corinne HERVO

Avant Propos

Cet ouvrage a été conçu pour vous aider à retrouver rapidement l'ensemble des fonctions offertes par le logiciel de gestion de projets **Microsoft Project 2013 version Professionnelle** ; les outils de collaboration (via Project Server 2013 et/ou SharePoint) ne sont pas abordés dans cet ouvrage Les manipulations sont détaillées et illustrées dans le but de faciliter leur application. Vous trouverez dans les dernières pages de cet ouvrage un **Index thématique** et, en **annexe**, la liste des indicateurs graphiques ainsi que la liste des raccourcis-clavier.

Tout au long de ces pages, nous avons adopté les conventions typographiques suivantes :

Ce style de caractère est utilisé pour :

gras indiquer une option du menu ou d'une boîte de dialogue à activer.

italique un commentaire ou une remarque.

⭾ symboliser les touches du clavier ; lorsque deux touches sont placées l'une à côté de l'autre, vous devez appuyer simultanément sur les deux touches.

Le symbole introduit :

▷ la manipulation à exécuter (activer une option, cliquer avec la souris...)

⇨ une remarque d'ordre général sur la commande en cours.

Table des Matières

GÉNÉRALITÉS

LES PROJETS

TÂCHES

AFFICHAGES

RESSOURCES

TABLES

COÛTS

IMPRESSIONS ET RAPPORTS

SUIVI

PARTAGE DES PROJETS

1.1 L'environnement

A- Lancer Project 2013

▷ À partir de l'interface Windows 8, cliquez sur la vignette **Project 2013** si celle-ci est visible sur l'écran d'accueil ou saisissez **Project** puis cliquez sur la vignette **Project 2013** qui s'affiche sur l'écran d'accueil, ou encore faites un clic droit sur l'écran d'accueil, cliquez sur l'option **Toutes les applications** visible en bas à droite de l'écran puis cliquez sur la vignette **Project 2013**.

L'application Microsoft Project s'ouvre dans l'interface Bureau.

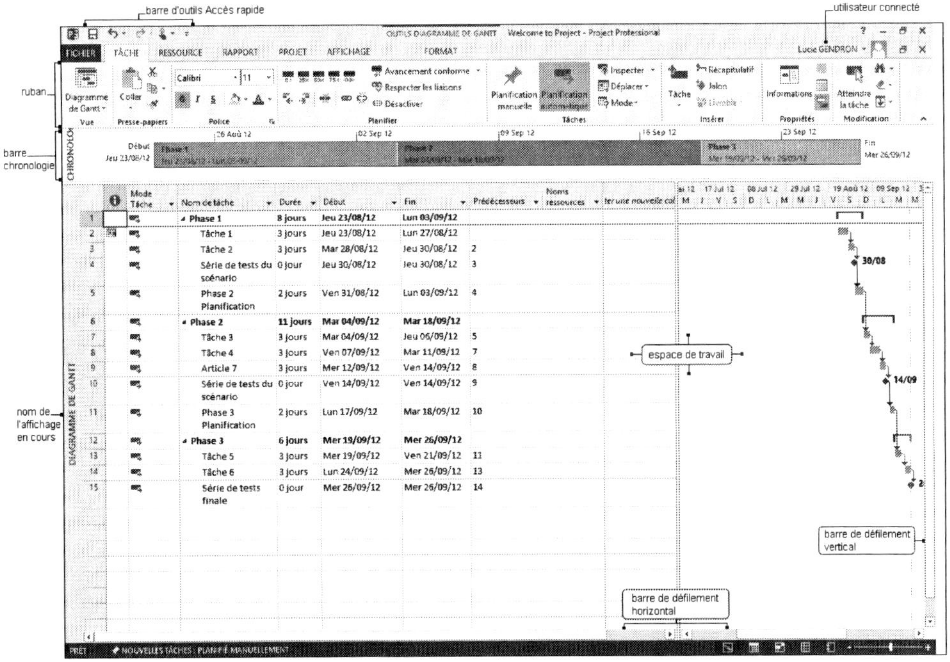

*L'**Espace de travail**, appelé aussi **affichage**, varie selon le travail en cours.*

*La barre **Chronologie** présente la planification du projet.*

*Project 2013 adopte l'interface des applications Microsoft. En effet, le **ruban** regroupe les commandes en groupes logiques et adaptés aux besoins immédiats de l'utilisateur (cf. Utiliser/gérer le ruban).*

*La barre d'outils **Accès rapide** contient les outils les plus fréquemment utilisés. Vous pouvez la personnaliser en l'affichant sous le ruban ou en y ajoutant de nouveaux outils.*

⇨ *Si lors du lancement de Project 2013 vous souhaitez que le dernier fichier utilisé soit ouvert, cochez l'option **Ouvrir le dernier fichier au démarrage** (onglet **FICHIER** - option **Options** - catégorie **Options avancées** - zone **Général**).*

⇨ *Pour afficher ou masquer la barre Affichage, faites un clic droit sur la bande située à gauche de l'écran (qui indique le nom de l'affichage en cours), puis cliquez sur l'option **Barre Affichage** du menu contextuel.*

B- Quitter Project 2013

▷ Cliquez sur le bouton [X] de la fenêtre d'application ou [Alt] [F4].

▷ Si demandé, choisissez d'enregistrer ou non les modifications apportées au(x) projet(s).

⇨ *L'option **Fermer** de l'onglet **FICHIER** ferme le projet actif mais ne permet pas de quitter l'application Project à la fermeture du dernier projet ouvert.*

C- Gérer les comptes utilisateur

Un compte Microsoft permet d'accéder à certains services tels que l'espace de stockage SkyDrive à partir de n'importe quelle application Office et de n'importe quel ordinateur.

Ajouter ou changer de compte

Vous pouvez choisir d'ajouter un nouveau compte au de changer de compte si plusieurs comptes sont déjà connectés à Office.

▷ Pour ajouter un nouveau compte, cliquez sur le lien **Connexion** situé en haut à droite de la fenêtre si aucun compte n'est connecté à Office. À l'inverse, cliquez sur le nom d'utilisateur puis sur l'option **Changer de compte**.

*Si un seul compte est ajouté à Office, la fenêtre **Se connecter** s'affiche à l'écran.*

▷ Si au moins deux comptes ont déjà été ajoutés à Office, vous devez cliquer sur l'option **Ajouter un compte** pour afficher la fenêtre **Se connecter**.

▷ Saisissez l'adresse de messagerie du compte à ajouter ; si vous ne possédez pas encore de compte, saisissez l'adresse souhaitée sous la forme **xxx@hotmail.fr** ou **xxx@outlook.com** (par exemple).

▷ Cliquez sur le bouton **Suivant**.

Un compte Microsoft, anciennement appelé Windows Live ID, est un identifiant (adresse de messagerie et mot de passe) permettant de se connecter à certains services Microsoft tels que Hotmail, Messenger, SkyDrive, Windows Phone, Xbox LIVE ou Outlook.com.

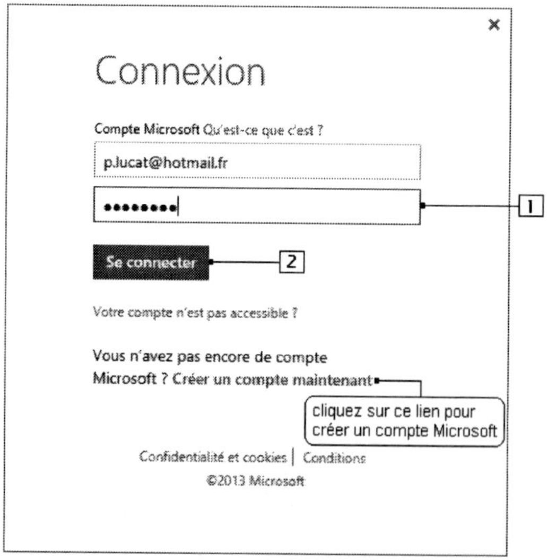

1 Saisissez le mot de passe associé au compte.

2 Connectez le compte à Office.

- Pour changer de compte (il faut que celui-ci ait été ajouté au préalable), cliquez sur le nom d'utilisateur visible en haut à droite de la fenêtre puis sur l'option **Changer de compte**. Cliquez ensuite sur le nom du compte à activer visible dans la fenêtre **Comptes**.

  Que vous ayez ajouté un compte ou changé de compte, vous visualisez désormais le nom d'utilisateur du compte en haut à droite de la fenêtre.

⇨ *Vous retrouvez le lien **Connexion** et **Changer de compte** dans l'onglet **FICHIER** - options **Compte**.*

Se déconnecter du compte en cours

- Cliquez sur l'onglet **FICHIER** puis sur l'option **Compte**.
- Cliquez sur le lien **Déconnexion** visible dans la zone **Informations sur l'utilisateur**.
- Confirmez la déconnexion du compte en cliquant sur le bouton **Oui** du message qui s'affiche.

Connecter des services à Office

Une fois la connexion d'un compte établie, vous pouvez ajouter (connecter) des services afin de les associer à ce compte comme, par exemple, votre espace de stockage SkyDrive, Facebook pour Office, Flickr ou encore YouTube, et ce, quels que soient l'application ouverte et le poste de travail sur lequel vous travaillez.

- Si besoin, connectez-vous au compte auquel vous souhaitez ajouter des services.
- Onglet **FICHIER** - option **Compte**
- Dans la zone **Services connectés** du volet central, cliquez sur le bouton **Ajouter un service**.

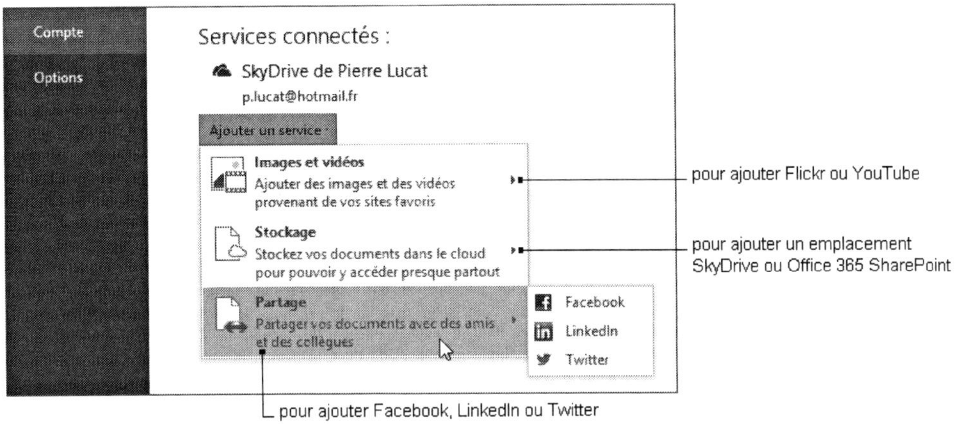

- Si besoin, connectez-vous au service que vous avez choisi d'ajouter en saisissant vos informations d'identification.

Une fois le service ajouté, celui-ci est visible dans la liste des services connectés.

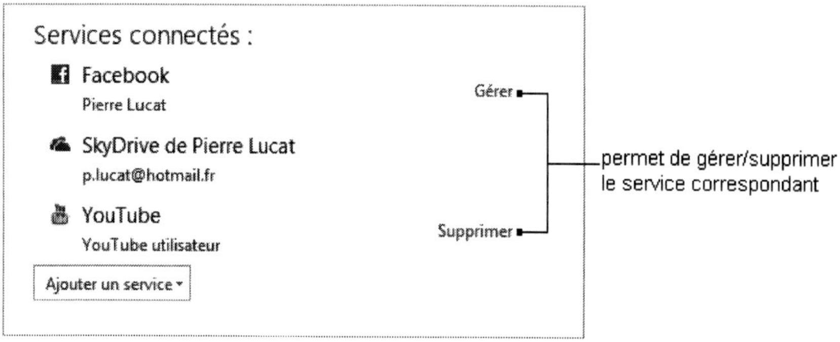

Personnaliser un compte

Il s'agit ici de modifier l'arrière-plan de la fenêtre des applications Office, la couleur du thème, la photo associée à votre compte ainsi que vos coordonnées et les informations personnelles du compte.

▷ Si besoin, connectez-vous au compte que vous souhaitez personnaliser.

▷ Onglet **FICHIER** - option **Compte**

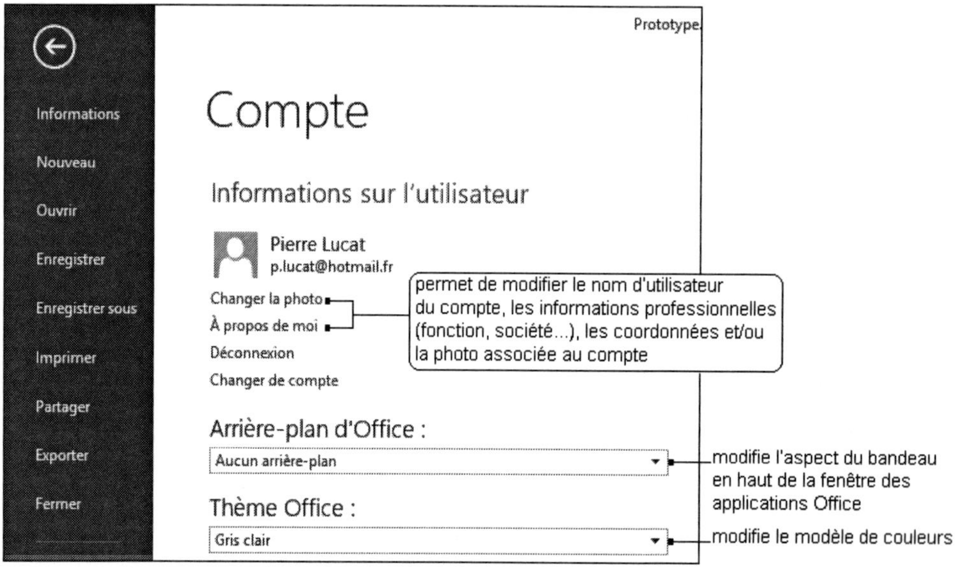

Les choix de l'arrière-plan et du thème Office s'appliquent à toutes les applications Office utilisées avec le compte concerné (ici, p.lucat@hotmail.fr).

D- Utiliser/gérer le ruban

- ▷ Pour afficher le contenu d'un onglet, cliquez sur l'onglet correspondant : le nom de l'onglet actif apparaît en vert.

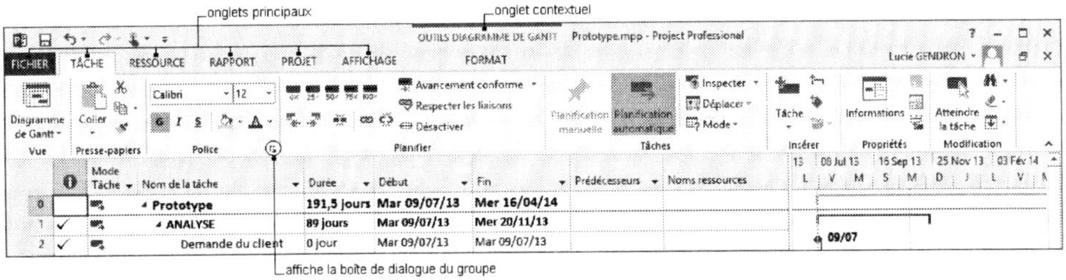

- ▷ Pour afficher le texte descriptif d'une commande, pointez l'outil ou le bouton correspondant.
- ▷ Pour réduire temporairement le ruban, faites un double clic sur un onglet ou cliquez sur le bouton [^] ou [Ctrl] [F1].
- ▷ Pour utiliser le ruban lorsqu'il est réduit, cliquez sur l'onglet à utiliser puis sur la commande voulue : une fois la commande cliquée, le ruban est de nouveau réduit.
- ▷ Pour afficher de nouveau le ruban en permanence, cliquez sur un onglet puis sur le symbole situé en bas à droite du ruban ou faites un double clic sur un onglet ou [Ctrl] [F1].

⇨ *Selon la résolution de votre écran, les options du ruban peuvent être présentées différemment. En effet, les options d'un groupe peuvent être regroupées dans un bouton, ou le libellé d'un bouton peut ne pas être visible.*

⇨ *Un menu contextuel apparaît lorsque vous cliquez avec le bouton droit de la souris sur un élément quelconque de l'écran ; il affiche uniquement les commandes pouvant être appliquées à cet élément.*

⇨ *Pour déplacer la barre d'outils Accès rapide, cliquez sur l'outil **Personnaliser la barre d'outils Accès rapide** puis cliquez sur **Afficher en dessous du ruban** ou **Afficher au-dessus du ruban**.*

E- Découvrir l'onglet FICHIER

*L'onglet **FICHIER** propose les commandes de base de gestion de fichiers de projet (ouvrir, enregistrer, imprimer...) disponibles auparavant dans le menu **Fichier** des versions précédentes de Project.*

- ▷ Cliquez sur l'onglet **FICHIER**.

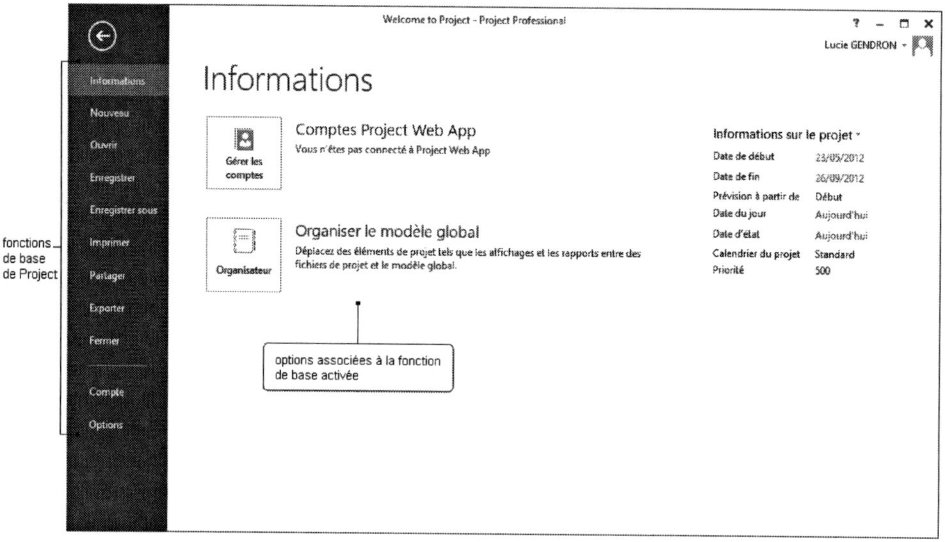

▷ Pour refermer l'onglet **FICHIER** sans valider d'option, cliquez sur la flèche .

2.1 Les fichiers projets

A- Créer un nouveau projet

- Onglet **FICHIER** - option **Nouveau**
- Cliquez sur la vignette **Nouveau Projet**.
- Onglet **PROJET** - groupe **Propriétés** - bouton **Informations sur le projet**
- Renseignez la **Date de début** de la planification si vous souhaitez planifier votre projet à partir de cette date. Pour que la planification se fasse à partir de la **Date de fin du projet**, choisissez l'option correspondante dans la liste **Prévisions à partir de** puis renseignez le champ **Date de fin**.
- Cliquez sur le bouton **OK**.

B- Enregistrer un fichier projet

Enregistrer un nouveau fichier

- Onglet **FICHIER** - option **Enregistre sous** ou (barre d'outils Accès rapide) ou Ctrl **S**
- Cliquez sur **Ordinateur** dans la zone **Enregistrer et synchroniser**.
- Si le fichier Projet doit être enregistré dans un dossier récemment utilisé, cliquez sur ce dossier dans la zone **Dossiers récents** ou cliquez sur le bouton **Parcourir** si aucun des dossiers proposés ne vous convient.
- Ouvrez le dossier d'enregistrement souhaité puis saisissez le **Nom de fichier**.
- Pour modifier le type de fichier proposé, sélectionnez le format souhaité dans la liste **Type**.

  *Il est possible d'enregistrer le fichier aux formats **Project 2007** ou **Project 2000 - 2003** pour l'exploiter avec une version antérieure de Project. Dans ce cas, certaines fonctionnalités de 2010 - 2013 (ex : tâches planifiées manuellement et les tâches récapitulatives verticales) risquent de ne pas apparaître correctement.*

  Notez également qu'un fichier créé dans Project 2007 ou une version antérieure, peut être ouvert et modifié dans Project 2013 en mode de fonctionnalités réduites.

  Project 2013 permet également un enregistrement direct au format PDF.
- Cliquez sur le bouton **Enregistrer**.

  Le nom du fichier apparaît alors dans la barre de titre.

⇨ *Pour définir les préférences d'enregistrement de fichier : onglet **FICHIER - Options** - catégorie **Enregistrer** - zone **Enregistrer les projets**.*

Enregistrer un fichier existant

- Onglet **FICHIER** - option **Enregistrer** ou (barre d'outils Accès rapide) ou Ctrl **S**

  L'enregistrement se fait alors automatiquement sous le même nom.

C- Ouvrir un fichier Projet

▷ Onglet **FICHIER** - option **Ouvrir** - option **Ordinateur**

Vous pouvez aussi utiliser le raccourci-clavier Ctrl ***O*** *puis cliquer sur* ***Ordinateur****.*

▷ Si le fichier Projet à ouvrir est enregistré dans un dossier récemment utilisé, cliquez sur ce dossier dans la zone **Dossiers récents**, ou si aucun des dossiers proposés ne vous convient, cliquez sur le bouton **Parcourir**.

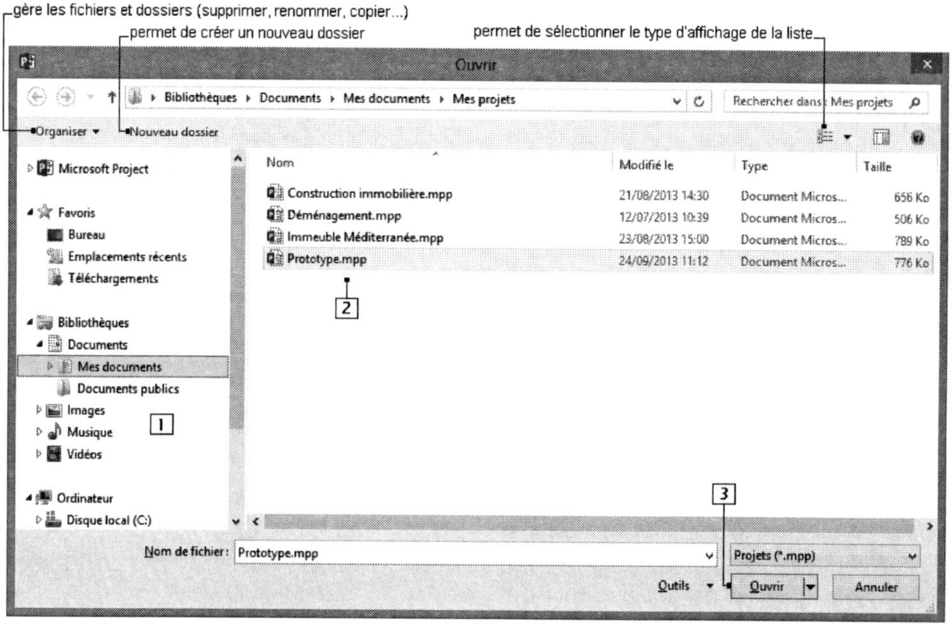

1 Accédez à l'unité souhaitée puis ouvrez le dossier contenant le fichier Projet.

2 Sélectionnez le fichier à ouvrir.

3 Cliquez sur ce bouton ; pour ouvrir une copie du fichier ou l'ouvrir en lecture seule, cliquez sur la flèche puis sur l'option correspondante.

⇨ *Pour ouvrir rapidement un des derniers fichiers utilisés, cliquez sur l'onglet* ***FICHIER****, sur l'option* ***Ouvrir*** *puis, si besoin, cliquez sur l'option* ***Projets (utilisation récente)****. Cliquez ensuite sur l'un des fichiers de la liste (25 par défaut).*

D- Fermer un projet

▷ Onglet **FICHIER** - option **Fermer** ou clic sur ✕ de la fenêtre du projet ou Ctrl F4

▷ Si demandé, choisissez d'enregistrer ou non les modifications apportées au projet.

E- Modifier l'affichage des fenêtres

Cette fonctionnalité est utile si vous travaillez sur plusieurs projets simultanément.

▷ Ouvrez les projets à visualiser.

Seul le projet « actif » est visible.

▷ Cliquez sur l'onglet **AFFICHAGE** puis, dans le groupe **Fenêtre**, cliquez sur un des outils suivants :

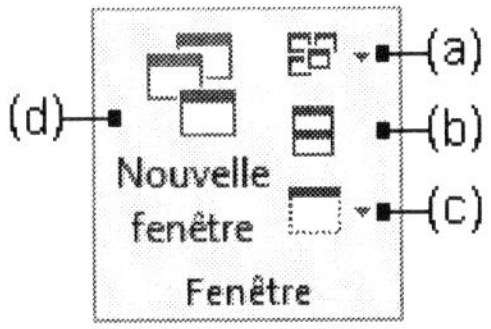

(a) Pour afficher (rendre actif) la fenêtre Projet de votre choix.

(b) Pour fractionner l'écran et afficher simultanément tous les projets ouverts. Cliquez n'importe où sur la fenêtre à activer : la barre de titre de cette fenêtre fait apparaître alors les boutons de redimensionnement  et de fermeture . Pour afficher de nouveau le projet en plein écran, cliquez sur le bouton **Agrandir** .

(c) Pour **Masquer** la fenêtre active, ou **Afficher** à nouveau le projet masqué au préalable.

(d) Pour afficher un projet ouvert dans une nouvelle fenêtre. Les fenêtres présentent alors le même projet en le renumérotant (Projet1.mpp :1 ; Projet1.mpp :2 ; etc.) afin de les différencier.

⇨ *Vous pouvez aussi utiliser les raccourcis-clavier* Ctrl F6 *pour accéder au fichier projet suivant et* Ctrl ⇧ F6 *pour accéder au fichier précédent. Immédiatement le fichier choisi passe au premier plan.*

F- Limiter l'accès à un fichier projet

▷ **FICHIER - Enregistrer sous** - option **Ordinateur**

▷ Cliquez sur le bouton **Parcourir** ou sur un des dossiers proposés dans la zone **Dossiers récents**.

▷ Cliquez sur le bouton **Outils** puis sur **Options générales**.

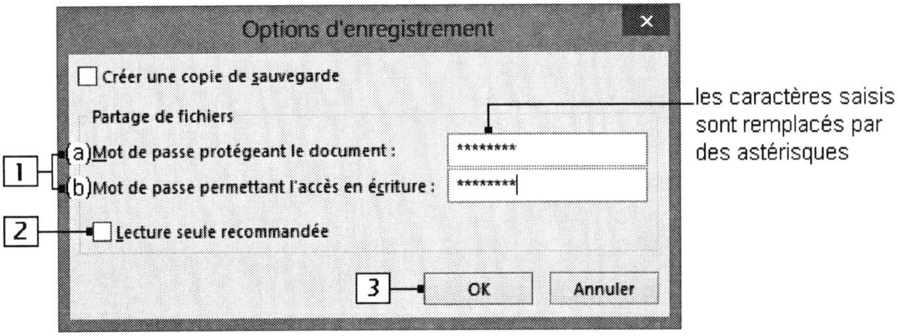

1 Selon la limitation attendue, utilisez les possibilités suivantes :

(a) saisissez le mot de passe qui sera demandé à l'ouverture du projet.

(b) saisissez un mot de passe empêchant la modification et l'enregistrement du projet (en l'absence de ce mot de passe, le projet s'ouvre en lecture seule).

Attention, Project différencie les majuscules des minuscules.

2 Cochez cette option pour que Project affiche un message d'accès en lecture seule à chaque ouverture du projet.

3 Validez.

▷ Confirmez le ou les mot(s) de passe puis validez par **OK**.

▷ Veillez à ce que le dossier d'enregistrement sélectionné soit bien celui dans lequel est enregistré votre projet puis cliquez sur **Enregistrer**.

⇨ *Pour supprimer un mot de passe associé à un projet, ouvrez ce projet à l'aide du mot de passe puis supprimez les astérisques correspondant au mot de passe dans la boîte de dialogue* ***Options d'enregistrement***.

G- Créer un modèle de projet personnalisé

Utilisez un modèle lorsque plusieurs projets nécessitent une structure de tâches semblables, des éléments (calendriers, rapports...) ou un ensemble de ressources semblables.

▷ Créez dans un nouveau projet les éléments communs (tâches, ressources, calendriers...).

▷ Onglet **FICHIER** - option **Exporter** - option **Enregistrer le projet en tant que fichier**

▷ Sélectionnez **Modèle de projet** dans la zone **Types de fichiers Project** puis cliquez sur le bouton **Enregistrer sous**.

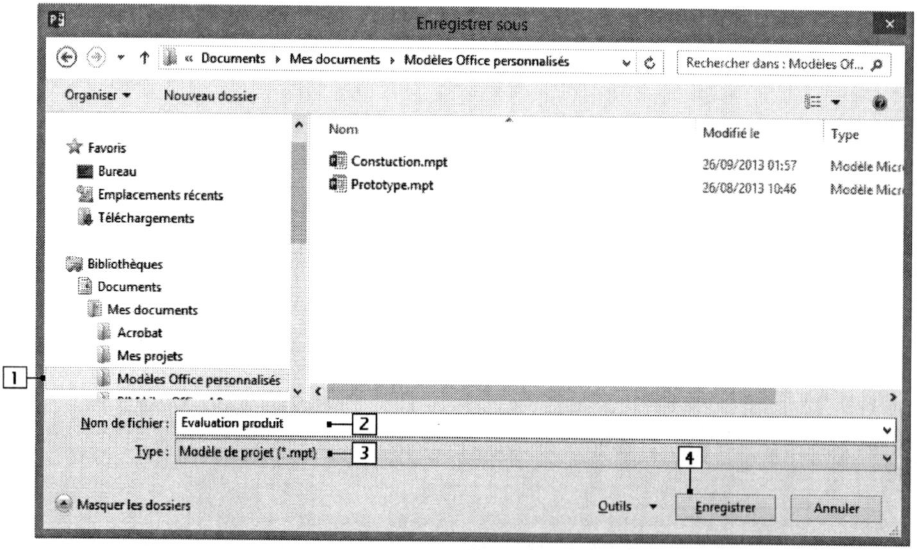

1 Si besoin, sélectionnez le dossier **Modèles Office personnalisés** :
\Bibliothèque\Documents\Mes documents\Modèles Office personnalisés

[2] Saisissez le nom du fichier.

[3] Veillez à ce que l'option **Modèle de projet (*.mpt)** soit sélectionnée.

[4] Créez le modèle.

▷ Dans la boîte de dialogue **Enregistrer comme modèle** qui s'affiche, cochez si nécessaire les options qui correspondent aux données que vous souhaitez supprimer de votre fichier de projet puis cliquez sur le bouton **Enregistrer**.

⇨ *Pour modifier un modèle, dans l'onglet **FICHIER**, cliquez sur l'option **Ouvrir**, sur **Ordinateur** puis sur le dossier **Mes documents**. Faites un double clic sur le dossier **Modèles Office personnalisés**, sélectionnez le type de format **Modèles de projet (*.mpt)** dans la liste située à droite de la zone **Nom de fichier** puis faites un double clic sur le modèle à ouvrir. Apportez ensuite les modifications souhaitées au modèle puis enregistrez-le en procédant comme suit : cliquez sur l'onglet **FICHIER**, sur l'option **Enregistrer sous**, sur **Ordinateur** puis sur le dossier **Mes documents**. Faites un double clic sur le dossier **Modèles Office personnalisés** puis sélectionnez le type de format **Modèles de projet (*.mpt)** dans la liste située à droite de la zone **Nom de fichier**. Sélectionnez ensuite le nom du modèle dans la liste des modèles proposés, cliquez sur le bouton **Enregistrer** et cliquez sur le bouton **Oui** du message vous proposant de remplacer le modèle existant.*

H- Copier des éléments d'un projet/modèle vers un autre projet/modèle

▷ Ouvrez les projets et/ou les modèles concernés par la copie d'éléments.

▷ Onglet **FICHIER** - option **Informations** - bouton **Organisateur**

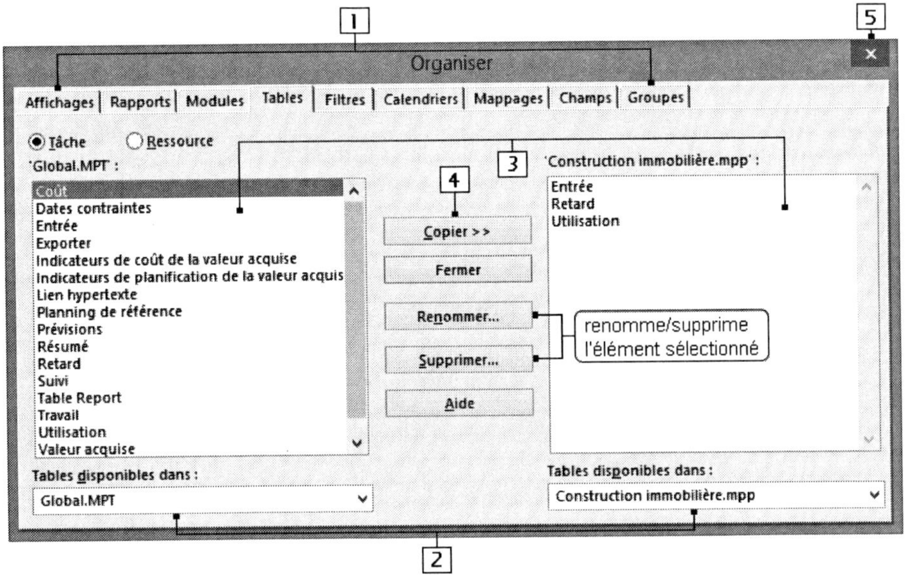

La zone de gauche affiche les éléments du modèle global (Global.MPT) tandis que celle de droite affiche les éléments du projet actif.

[1] Cliquez sur l'onglet correspondant au type d'éléments à copier.

[2] Sélectionnez, si besoin, les projets/modèles concernés par la copie des éléments.

[3] Sélectionnez l'élément concerné ; si plusieurs éléments doivent être copiés, sélectionnez-les par un cliqué-glissé ou à l'aide des touches [⇧] et/ou [Ctrl].

[4] Pour copier l'élément sélectionné d'un projet/modèle vers l'autre projet/modèle, cliquez sur ce bouton.

[5] Cliquez sur le bouton de fermeture lorsque tous les éléments ont été gérés.

I- Créer un fichier projet basé sur un modèle

Utiliser un modèle personnalisé

Un modèle personnalisé est un modèle créé par vous (cf. titre Créer un modèle de projet personnalisé de ce chapitre).

▷ Onglet **FICHIER** - option **Ouvrir** - option **Ordinateur**

▷ Cliquez sur le dossier **Mes documents** situé dans la liste des dossiers proposés.

▷ Faites un double clic sur le dossier **Modèles Office personnalisés** ; si le modèle à utiliser est enregistré dans un sous-dossier du dossier **Modèles Office personnalisés**, faites un double clic dessus pour le sélectionner.

▷ Sélectionnez le type de format **Modèles de projet (*.mpt)** dans la liste située à droite de la zone **Nom de fichier**.

▷ Faites un double clic sur le nom du modèle à utiliser.

Une nouvelle fenêtre contenant les données du modèle s'affiche. Cette fenêtre reprend le nom du modèle de projet.

▷ Réalisez vos modifications et enregistrez le fichier en tant que nouveau projet.

⇨ *Vous pouvez également créer un projet basé sur un projet existant : dans l'onglet **FICHIER**, cliquez sur **Nouveau** puis sur la vignette **Créer à partir d'un projet existant**. Sélectionnez le dossier contenant le projet sur lequel doit être basé le nouveau projet puis faites un double clic sur le projet : le nouveau projet reprend les éléments du projet existant sur lequel il est basé.*

Utiliser un modèle du site Office.com

Pour utiliser ces modèles, vous devez disposer d'une connexion Internet.

▷ Cliquez sur l'onglet **FICHIER** puis sur l'option **Nouveau**.

Par défaut, Project vous propose un certain nombre de modèles en ligne.

▷ Si aucun des modèles en ligne proposés par défaut ne vous convient, en fonction du modèle recherché, effectuez une des manipulations suivantes :

- Cliquez sur un des liens associés à l'option **Recherches suggérées** pour afficher la liste des modèles correspondant au type choisi : **Entreprise**, **Construction**, **Marketing** ou **Produits**.
- Cliquez dans la zone **Rechercher modèles en ligne**, saisissez le ou les mots clés permettant de trouver le modèle puis validez par la touche [↵] pour lancer la recherche.

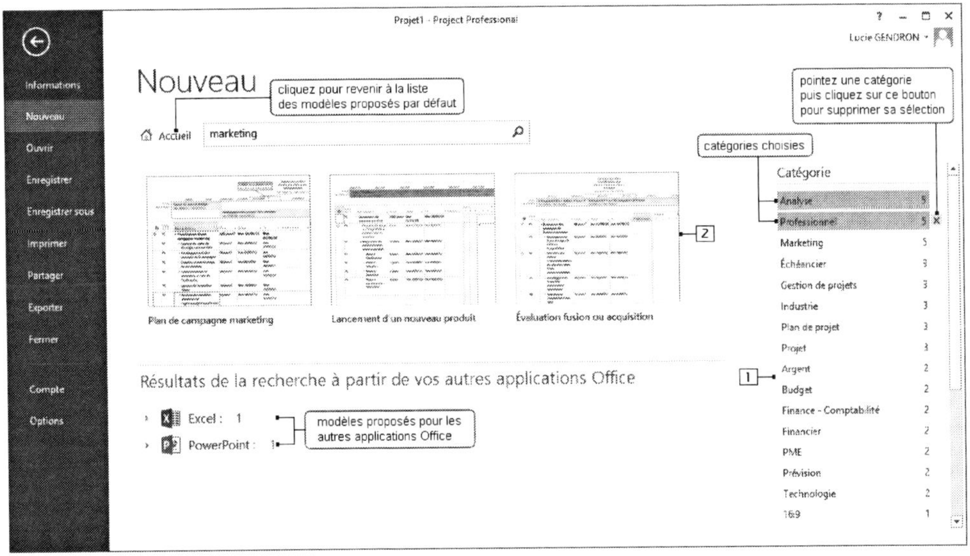

[1] Cliquez sur une ou plusieurs catégories en fonction du modèle recherché.

Sur l'exemple présenté ci-dessus, vous visualisez les modèles de projet des catégories ***Analyse*** *et* ***Professionnel****.*

[2] Cliquez sur la vignette du modèle à utiliser.

Une fenêtre s'affiche au centre de l'écran dans laquelle vous visualisez l'aperçu du modèle de projet ainsi que son nom.

▷ Cliquez sur le bouton **Créer** pour charger le modèle de projet.

▷ Réalisez les modifications de votre nouveau projet puis enregistrez-le.

⇨ *Pour qu'un modèle de projet en ligne soit visible au début de la liste des modèles en ligne proposés par défaut afin de le rendre accessible plus rapidement, pointez le modèle concerné puis cliquez sur le symbole* ⊣. *Pour qu'il n'apparaisse plus en début de liste, pointez-le puis cliquez sur le symbole* ⊥.

⇨ *Un double clic sur la vignette d'un modèle permet de charger directement le modèle à l'écran sans afficher la fenêtre de présentation de celui-ci.*

J- Enregistrer un projet sur SkyDrive

▷ Ouvrez le projet concerné, cliquez sur l'onglet **FICHIER**, sur l'option **Enregistrer sous** puis cliquez sur l'option **SkyDrive** ou **SkyDrive de « nom de compte »** si vous êtes connecté à Office à l'aide d'un compte Microsoft.

▷ Si vous n'êtes pas connecté à l'aide d'un compte Microsoft, cliquez sur le bouton **Se connecter**, saisissez l'adresse de messagerie de votre compte Microsoft puis cliquez sur le bouton **Suivant**.

Saisissez le mot de passe associé à votre compte puis cliquez sur **Se connecter**. Si besoin, cliquez ensuite sur l'option **SkyDrive de « nom de compte »**.

Vous visualisez directement cette fenêtre si à l'ouverture de Project vous êtes connecté à l'aide d'un compte Microsoft.

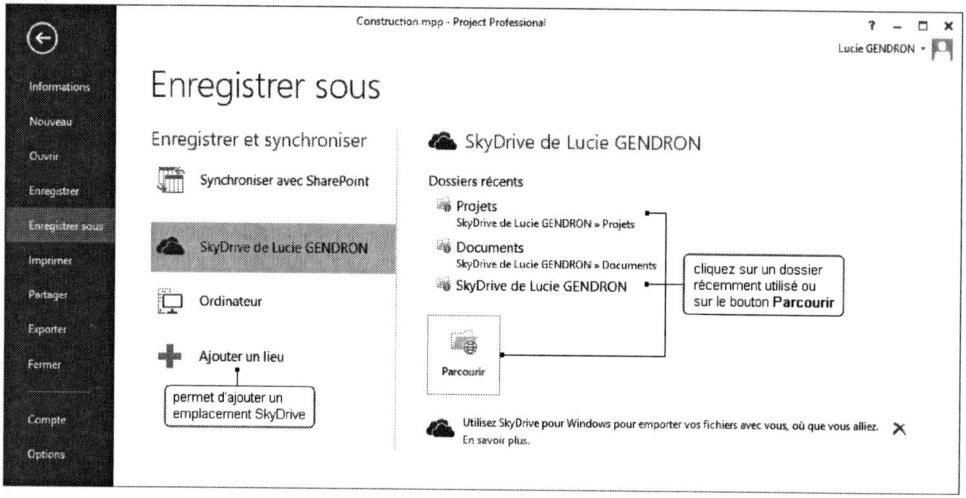

Si vous avez choisi un dossier récemment utilisé, celui-ci est sélectionné. Si vous avez choisi le bouton ***Parcourir****, c'est l'espace de stockage* ***SkyDrive de « nom du compte »*** *qui est sélectionné.*

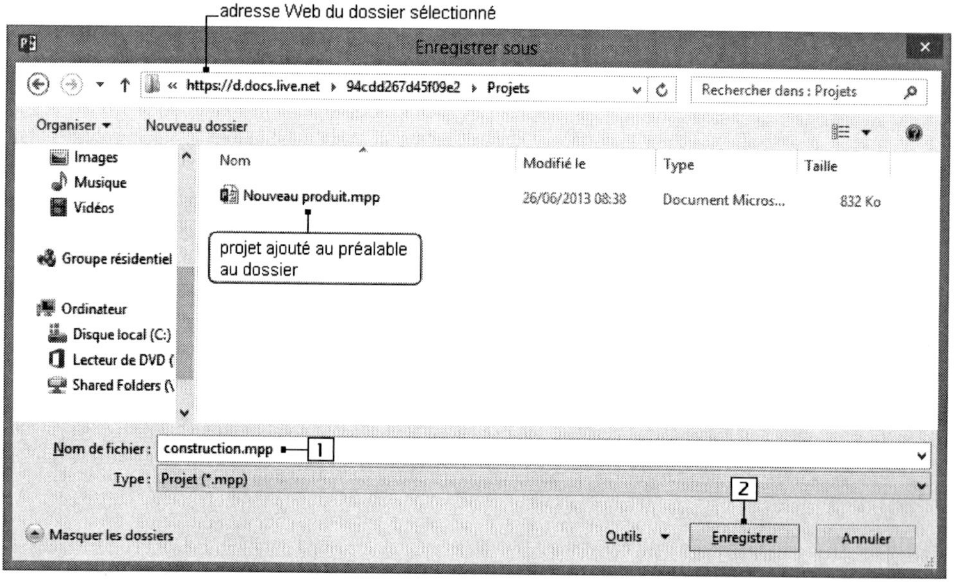

[1] Modifiez éventuellement le nom du projet.

[2] Enregistrez le projet.

Une copie de votre projet a été faite dans le dossier choisi sur l'espace de stockage SkyDrive.

▷ Fermez éventuellement votre projet.

⇨ *De la même manière qu'avec SkyDrive, vous pouvez également enregistrer des projets sur Office 365 SharePoint (onglet **FICHIER** - option **Enregistrer sous** - option **Ajouter un lien** - option **Office 365 SharePoint**).*

2.2 Démarrer le projet

A- Commenter un projet

▷ Onglet **FICHIER** - option **Informations**

▷ Cliquez sur **Informations sur le projet** situé à droite de la fenêtre puis sur l'option **Propriétés avancées**.

▷ Dans l'onglet **Résumé**, cliquez dans la zone **Commentaires** et saisissez vos observations avant de valider par le bouton **OK**.

B- Planifier par la date de fin

▷ Onglet **Projet** - bouton **Informations sur le projet** (groupe **Propriétés**)

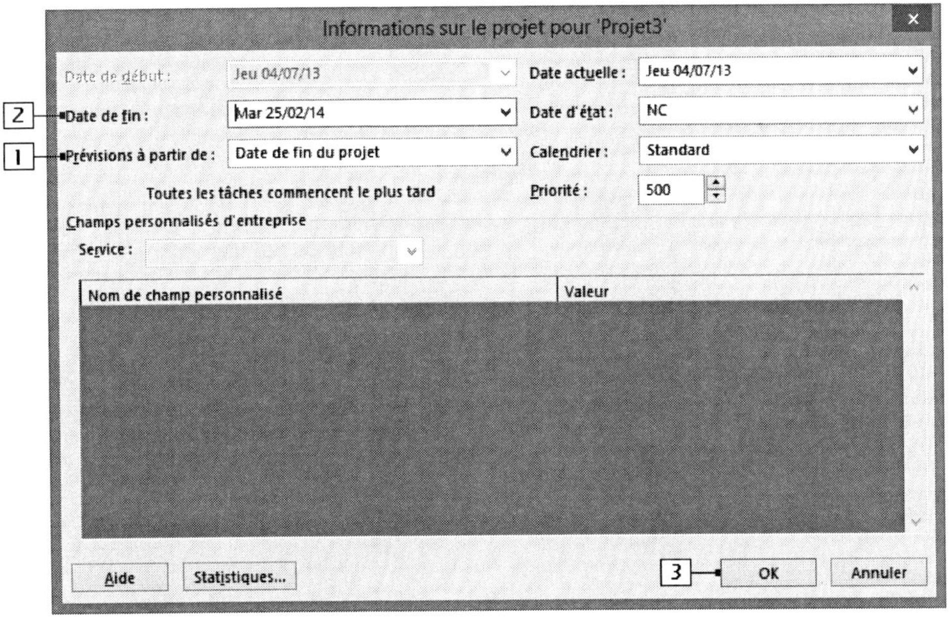

1 Choisissez l'option **Date de fin du projet**.

2 Modifiez, si besoin est, la date de fin.

3 Validez.

LES PROJETS

C- Gérer le temps à travers les calendriers

Les calendriers de base

Ils définissent des ensembles de périodes et de jours ouvrés et chômés. Ils peuvent être utilisés pour le calendrier de projet et les calendriers de tâches, et servir de base pour les calendriers de ressources. Project propose trois calendriers de base par défaut : **Standard**, **24 Heures** et **Équipe de nuit**.

Les calendriers du temps travaillé

Le **calendrier de projet** indique les horaires de travail par défaut pour toutes les ressources affectées au projet. Par défaut, Project affecte le calendrier de base Standard en tant que calendrier de projet.

Les **calendriers de ressources** sont à l'origine identiques au calendrier de projet **Standard** mais vous pouvez les personnaliser afin qu'ils contiennent les prévisions de travail pour une ressource donnée (bien qu'il puisse contenir les prévisions de travail pour un ensemble de ressources, comme par exemple « les peintres »). Le calendrier de ressources, fondé sur un calendrier de base, contient alors les exceptions au calendrier de base. Lors de l'affectation d'une ressource à une tâche à durée fixe, Project 2013 utilise les informations du calendrier des ressources pour calculer le volume de travail de cette ressource. Si la ressource est affectée à une tâche à travail fixe ou à une tâche à capacité fixe, le calendrier de ressources ne permet pas de déterminer le volume de travail.

Les **calendriers de tâches** contiennent les périodes ouvrées de tâches individuelles. Ces calendriers vous permettent de ne pas utiliser les périodes ouvrées du calendrier de projet ou celles du calendrier de ressources. Contrairement aux calendriers de ressources, Project ne crée pas automatiquement de calendriers de tâches à la création d'une tâche puisque par défaut, Project prévoit la tâche en fonction du calendrier de projet. En cas de besoin, vous devez appliquer le calendrier de tâches de votre choix. Mais attention, si un calendrier de tâches est appliqué et que des ressources sont affectées à une tâche, la tâche est alors prévue par défaut dans les périodes ouvrées communes au calendrier des tâches et aux calendriers des ressources ! Vous pouvez bien sûr demander à Project de ne tenir compte que du calendrier des tâches, pour cela, vous devrez activer l'option **Les prévisions ignorent les calendriers des ressources** de la boîte de dialogue **Informations sur la tâche**.

Chaque calendrier hérite des jours et des heures ouvrés et chômés du calendrier sur lequel il est basé ! C'est ainsi que les modifications apportées au calendrier de base sont répercutées dans les calendriers des ressources qui en dépendent. Donc si vous modifiez le statut d'un jour sur le calendrier du projet (en le rendant chômé, par exemple), vous modifiez alors les horaires de travail de toutes les ressources affectées à ce calendrier en même temps. Cela peut également modifier les prévisions de n'importe quelle tâche affectée à ces ressources et prévue pour ce jour.

D- Découvrir les calendriers de projet

*Le **calendrier de projet** indique les horaires de travail par défaut pour toutes les ressources qui seront affectées au projet. Par défaut, Project affecte le calendrier **Standard** en tant que calendrier de projet. Les jours ouvrés de ce dernier vont du lundi au vendredi et les heures ouvrées sont : 9:00 - 12:00 et 14:00 - 18:00 ; soit 7 h par jour et 35 h par semaine. Ces valeurs sont définies dans l'onglet **Calendrier** de la boîte de dialogue **Options de Project** (onglet **FICHIER - Options - Échéancier**). Il n'y a ni congés, ni jours fériés. Chaque calendrier débute au 1er janvier 1984 et se termine au 31 décembre 2049.*

▷ Onglet **PROJET** - outil **Modifier les horaires de travail** (groupe **Propriétés**)

▷ Ouvrez la liste déroulante **Pour le calendrier** puis cliquez sur le calendrier de base :

Standard	Correspond aux jours ouvrés traditionnels, du lundi au vendredi, de 9 h à 18 h avec deux heures de table sur le temps de midi.
24 Heures	Calendrier sans aucune période chômée.
Équipe de nuit	Couvre une période de travail d'équipe du lundi soir jusqu'au samedi matin, de 23 h à 8 h avec une heure de pause (à 3h du matin).

E- Créer et/ou modifier un calendrier de projet

Vous pouvez utiliser en tant que Calendrier de projet, l'un des calendriers de base générés lors de l'initialisation de votre projet ; il est cependant conseillé de créer un calendrier particulier afin d'éviter certaines confusions.

▷ Onglet **PROJET** - outil **Modifier les horaires de travail**

Créer un calendrier de projet

▷ Dans la boîte de dialogue **Modifier les horaires de travail**, cliquez sur le bouton **Créer un nouveau calendrier**.

▷ Saisissez le **Nom** du nouveau calendrier.

▷ Activez l'option **Créer un nouveau calendrier de base** pour en définir vous-même tous les paramètres ou activez l'option **Faire une copie du** et choisissez dans la liste déroulante le calendrier devant vous servir de modèle afin de n'avoir à saisir que les particularités calendaires.

▷ Validez par le bouton **OK**.

⇨ *Pour supprimer un calendrier de base, utilisez l'**Organisateur de Project** (onglet **FICHIER** - **Informations** - bouton **Organisateur**).*

Définir les jours chômés du calendrier de projet

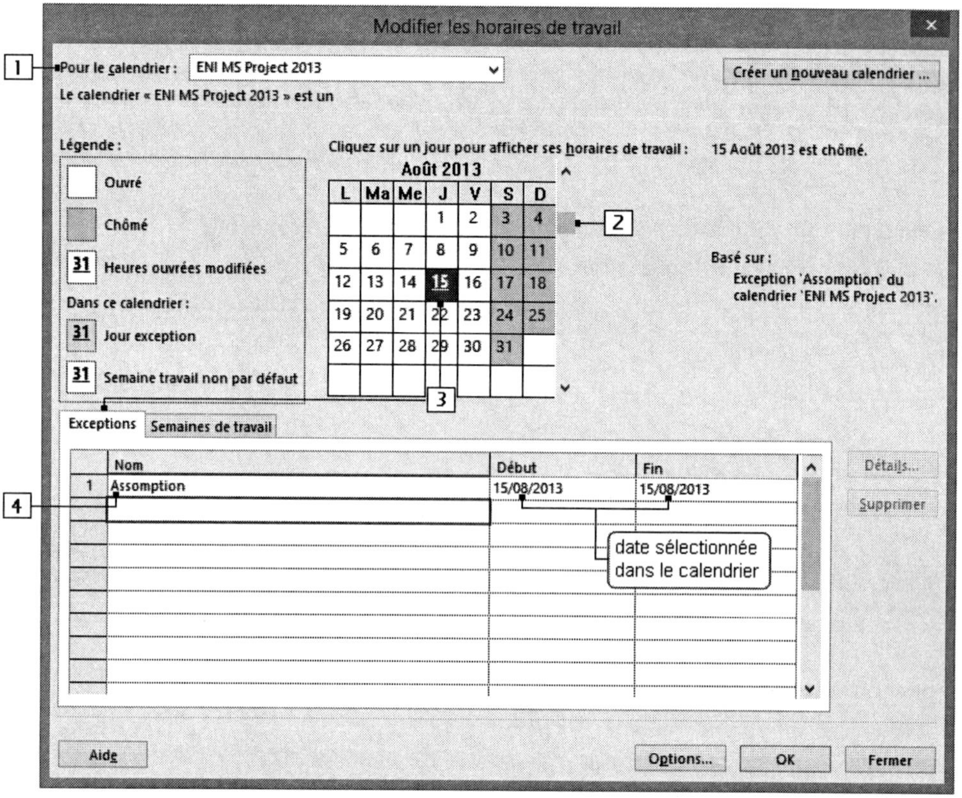

[1] Vérifiez que le nom du calendrier à modifier est correct.

[2] Faites défiler les mois du calendrier jusqu'à la période concernée par la définition du jour chômé.

[3] Cliquez sur la case du jour à définir comme étant chômé puis cliquez sur l'onglet **Exceptions**.

[4] Cliquez sur la première ligne disponible de la liste, saisissez le nom de ce jour chômé puis validez.

▹ Pour définir ce jour de repos comme un jour de repos répétitif, cliquez sur le bouton **Détails**.

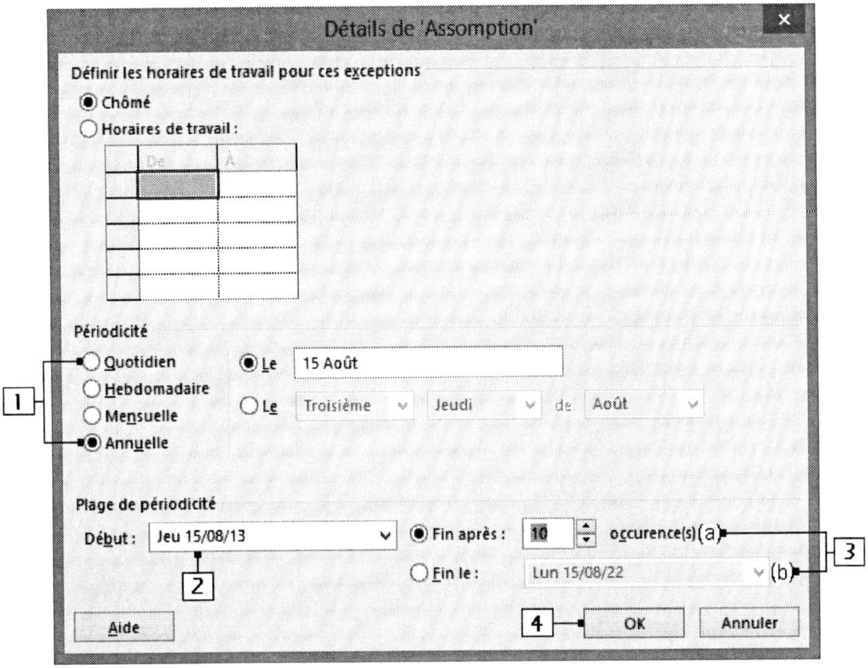

[1] Activez l'option de **Périodicité** souhaitée puis renseignez la ou les options associées (celles-ci varient selon votre choix).

[2] Modifiez si besoin la date de **Début**.

[3] Renseignez la durée pendant laquelle le jour chômé doit être répété :

(a) Met fin à la répétition après le nombre d'occurrences spécifié.
(b) Met fin à la répétition à la date saisie ou sélectionnée dans la liste.

[4] Cliquez sur le bouton **OK** pour valider et revenir à la boîte de dialogue **Modifier les horaires de travail**.

▷ Renouvelez cette procédure pour les autres jours fériés de l'année ou des années suivantes.

⇨ *Sachez qu'il est possible de créer un jour chômé exceptionnel à la date d'un jour chômé par défaut (samedi ou dimanche) (ex. Fête nationale = dimanche 14/07/2013), ou de créer deux jours chômés exceptionnels à la même date (ex. l'Ascension et la Fête du travail = jeudi 01/05/2008).*

Définir les horaires de travail de base

▷ Pour modifier les horaires de base de l'entreprise, vérifiez dans la liste **Pour le calendrier** de la boîte de dialogue **Modifier les horaires de travail** que le calendrier sélectionné est bien celui concerné par les modifications.

▷ Activez l'onglet **Semaines de travail** puis la ligne **[Par défaut]**.

▷ Cliquez sur le bouton **Détails**.

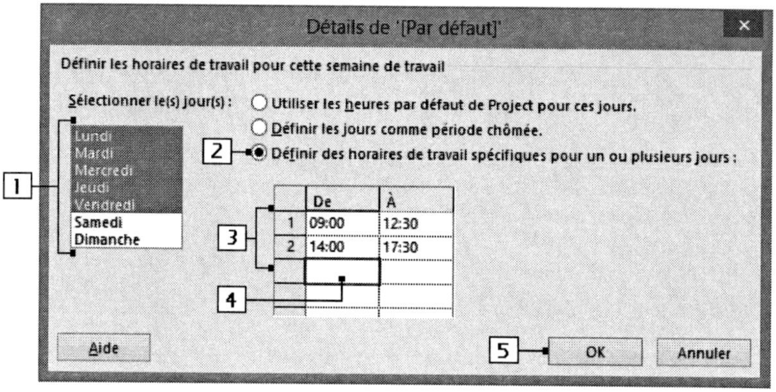

[1] Sélectionnez les jours ouvrés de la semaine à l'aide d'un cliqué-glissé.

[2] Activez cette option.

[3] Saisissez les nouvelles heures de début (**De**) et de fin (**À**) des plages horaires concernées.

[4] Pour valider la saisie de la dernière plage horaire, cliquez sur la ligne suivante.

[5] Validez votre saisie et revenez à la boîte de dialogue **Modifier les horaires de travail**.

▷ Vérifiez que les modifications apportées aux horaires de travail par défaut ont bien été enregistrées en cliquant sur un jour ouvré dans le calendrier.

Attention : après avoir modifié les horaires de travail de votre calendrier, prenez soin de vérifier que Project utilise bien les mêmes horaires pour définir une journée de travail en général ; dans le cas contraire, les tâches du projet risquent de commencer ou de se terminer avec un décalage de plus en plus important au fil du projet (cf. sous-titre suivant Corrélation entre les plages horaires et les options de calendrier).

Corrélation entre les plages horaires et les options de calendrier

▷ Affichez les **Options de Project** à partir du bouton **Options** de la boîte de dialogue **Modifier les horaires de travail** (onglet **PROJET** - outil **Modifier les horaires de travail**) ou bien à partir de l'onglet **FICHIER - Options - Échéancier**.

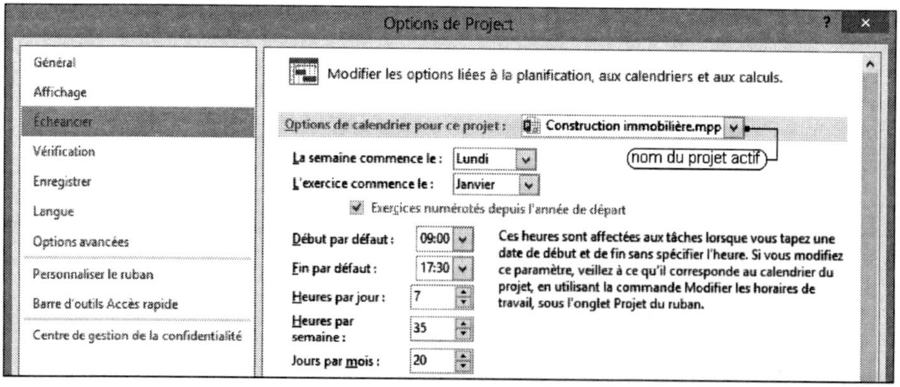

- Assurez-vous que les horaires d'une journée de travail saisis dans le calendrier de base (cf. sous-titre Définir les horaires de travail de base) sont identiques aux horaires de **Début par défaut** et de **Fin par défaut**. Dans le cas contraire, modifiez-les.

  Notez que les données contenues dans cette boîte de dialogue sont uniques pour le projet tout entier. N'essayez donc pas de faire cohabiter des journées de 8 heures avec des journées de 10, ou des semaines de 35 heures avec des semaines de 40 au risque d'obtenir des calculs de durées de tâches assez "bizarres".

- Cliquez sur le bouton **OK** pour refermer la boîte de dialogue des **Options de projet**.
- Si besoin, cliquez sur le bouton **OK** de la boîte de dialogue **Modifier les horaires de travail**.

F- Affecter un nouveau calendrier au projet

- Onglet **PROJET** - bouton **Informations sur le projet** (groupe **Propriétés**)
- Ouvrez la liste **Calendrier** puis cliquez sur le calendrier à affecter à votre projet.
- Cliquez sur le bouton **OK** pour valider.

G- Imprimer le calendrier de projet

- Dans l'onglet **AFFICHAGE**, cliquez sur l'outil (sans ouvrir la liste) du groupe **Affichages des tâches**.
- Onglet **FICHIER** - option **Imprimer**
- Modifiez si besoin les **Paramètres** d'impression :

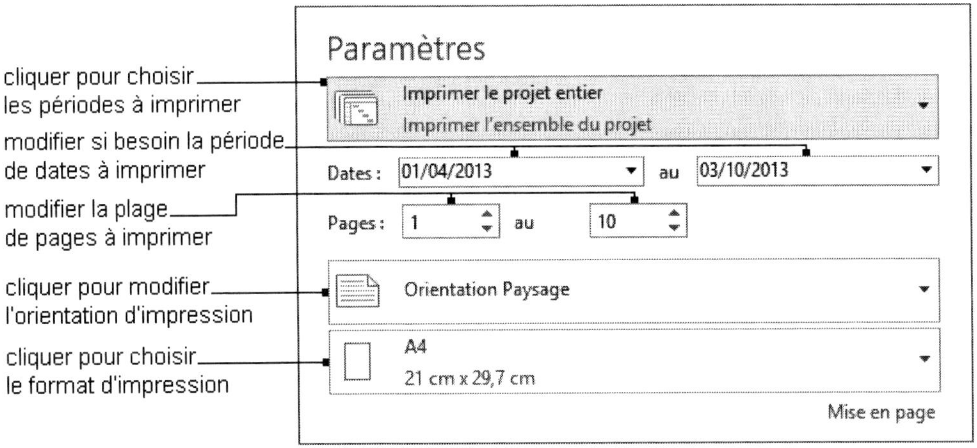

- Après avoir modifié, si besoin, le nombre de **Copies** souhaité ainsi que le nom de l'**Imprimante** à utiliser, cliquez sur le bouton **Imprimer**.
- Cliquez sur le bouton pour revenir à la fenêtre du projet.

H- Copier un calendrier de projet dans un autre projet

▷ Si le calendrier à copier se situe dans un projet ou un modèle particulier, ouvrez ce projet/ce modèle. S'il se situe dans le fichier global (global.mpt), passez à l'étape suivante.

▷ Ouvrez le projet dans lequel le calendrier doit être copié.

▷ **FICHIER** - option **Informations** - bouton **Organisateur**

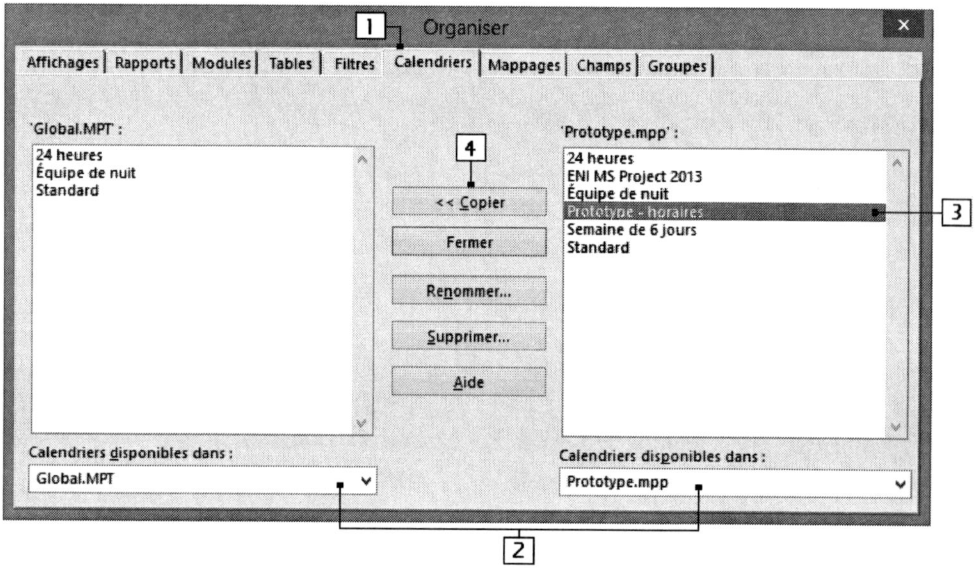

[1] Cliquez sur cet onglet.

[2] Ouvrez l'une de ces listes puis cliquez sur le projet contenant le calendrier à copier.
Ouvrez l'autre liste puis cliquez sur le projet dans lequel le calendrier doit être copié.

[3] Cliquez sur le calendrier à copier afin de le sélectionner.

[4] Cliquez sur ce bouton.

▷ Si le calendrier en cours de copie existe déjà dans le fichier projet de destination, cliquez sur le bouton **Oui** pour remplacer le calendrier existant par celui que vous êtes en train de copier.

▷ Fermez la boîte de dialogue **Organiser** en cliquant sur le bouton ✕.

3.1 La définition des tâches

A- Saisir les tâches d'un projet

Les tâches représentent le travail à accomplir pour atteindre l'objectif du projet. Elles représentent, de ce fait, les éléments de base de tout projet.

▷ Si besoin, affichez le **Diagramme de Gantt** (onglet **TÂCHES** - groupe **Vue** - liste du bouton **Diagramme de Gantt** - option **Diagramme de Gantt**) combiné avec la table **Entrée** (onglet **AFFICHAGE** - groupe **Données** - bouton **Tables** - option **Entrée**).

▷ Activez la première cellule vide de la colonne **Nom de la tâche**.

▷ Saisissez le nom de la tâche.

▷ Validez la saisie par la touche ↵ ou ↓.

▷ Saisissez ainsi les différentes tâches de votre projet.

⇨ *Si, suite à l'utilisation de la touche ↵, la cellule du dessous n'est pas activée, utilisez l'onglet **FICHIER - Options - Options avancées** - zone **Modification** et cochez l'option **Déplacer la sélection après validation**.*

⇨ *Vous pouvez importer des tâches de Microsoft Outlook : onglet **TÂCHE** - groupe **Insérer** - liste du bouton **Tâche** - option **Importer des tâches Outlook**.*

B- Définir et manipuler les jalons d'un projet

Les jalons sont des tâches particulières dans le sens où elles représentent des événements significatifs, mais pas un travail, elles ont donc une durée nulle.

▷ Activez la cellule dans laquelle vous souhaitez ajouter un jalon puis cliquez sur le bouton **Jalon** de l'onglet **TÂCHE** (groupe **Insérer**).

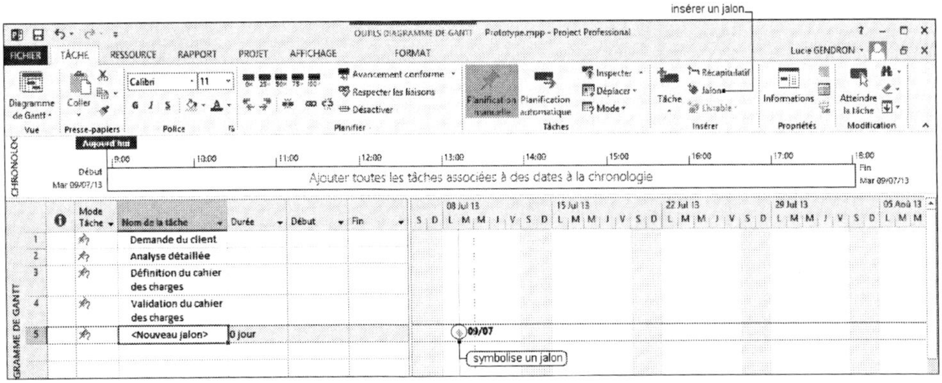

▷ Saisissez le nom de la tâche jalon comme une tâche ordinaire dans le champ **Nom de la tâche**.

⇨ *Pour transformer une tâche en tâche de type jalon, il suffit de saisir la valeur **0** dans le champ **Durée**.*

▷ Pour transformer une tâche en jalon sans modifier sa durée, réalisez un double clic dans la tâche concernée. Dans l'onglet **Avancées**, cochez l'option **Marquer la tâche en tant que jalon** puis validez.

▷ Pour créer un rapport de jalon permettant de visualiser les jalons en retard, les jalons à échéance ainsi que ceux terminés, choisissez le rapport prédéfini **Rapport de Jalon** (onglet **RAPPORT** - groupe **Afficher les rapports** - bouton **En cours**) ; pour plus de détails concernant la création d'un rapport, reportez-vous au titre 8.2 - A - Créer un rapport.

C- Attribuer une durée aux tâches

*Selon le mode de planification des tâches (manuelle ou automatique) défini dans Project, la méthode de saisie de la durée des tâches varie. La **planification manuelle** permet de saisir des tâches sans en préciser obligatoirement la durée ni la date de début ou de fin. Alors que la **planification automatique** calcule les dates de début et de fin de la tâche en fonction de la durée saisie et de la date du début du projet.*

Vérifier/modifier le mode de planification des tâches par défaut

Le mode de planification actif s'affiche dans la barre d'état de Project :

ou

Par défaut, la planification des tâches est manuelle.

▷ Pour modifier le mode de planification des tâches par défaut, cliquez sur le bouton **Mode** situé dans l'onglet **TÂCHE** - groupe **Tâches**, puis cliquez sur l'option **Planification automatique** ou **Planification manuelle** selon le cas.

Cette manipulation n'a pas d'incidence sur les tâches déjà saisies.

⇨ *Vous pouvez également cliquer dans la barre d'état sur l'icône représentant le mode de planification actif, puis cliquer sur l'option de votre choix :*

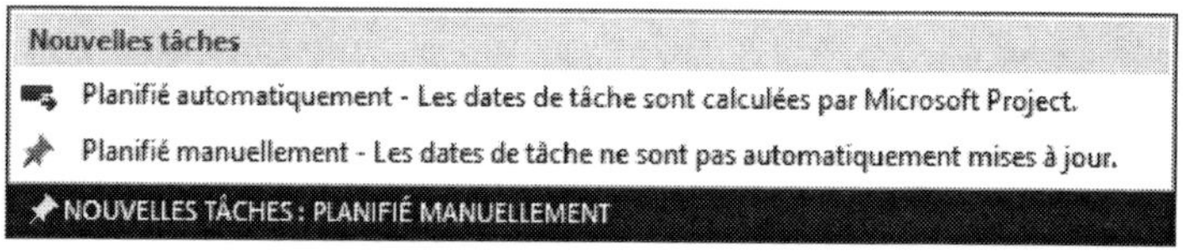

Modifier le mode de planification d'une tâche

▷ Pour modifier le mode de planification d'une tâche en particulier, ouvrez la liste du champ **Mode Tâche** de la tâche concernée.

choisissez une option
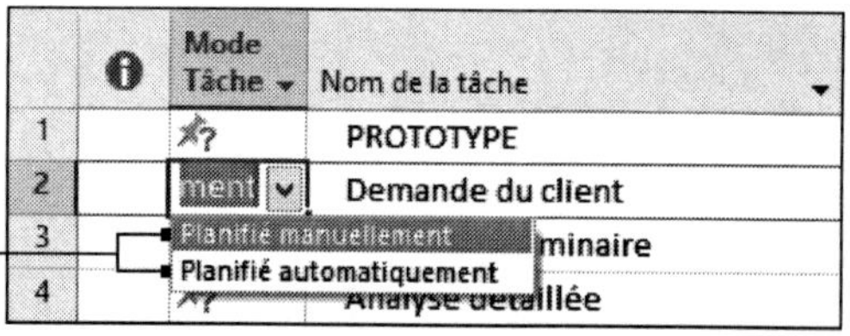

Saisir une durée en planification manuelle

*Dans ce cas, le symbole de la colonne **Mode Tâche** signale une planification "manuelle" de la tâche correspondante. Un point d'interrogation est associé à ce symbole tant que deux des trois facteurs de planification (date de **Début**, date de **Fin** et **Durée**) n'ont pas été renseignés.*

- Activez la cellule de la durée.
- Si la durée est déjà dans l'unité proposée, tapez seulement le nombre. Sinon, tapez le nombre suivi des lettres "m" pour minutes, "h" pour heures, "j" pour jours, "s" pour semaines, "ms" pour mois.

  Vous pouvez également saisir un texte quelconque à la place de la durée.
- Validez par la touche ⏎.

  *Notez que la barre (légèrement transparente) de la tâche du Planning de Gantt se dimensionne en fonction de la durée saisie. Mais aucune date de **Début** n'apparaît.*

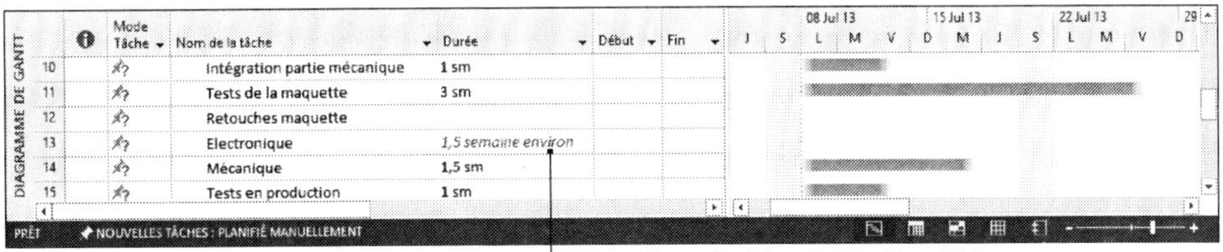

le texte saisi apparaît en italique et en bleu clair par défaut

Saisir une durée en planification automatique

- Activez la cellule de la durée.

  Si la durée est déjà dans l'unité proposée, tapez seulement le nombre. Sinon, tapez le nombre suivi des lettres "m" pour minutes, "h" pour heures, "j" pour jours, "s" ou "sm" pour semaines, "ms" pour mois.
- Validez par la touche ⏎.

  *Notez que les dates de **Début** et de **Fin** sont automatiquement calculées en fonction de la **Durée** saisie et de la date de début (ainsi que la date de fin, les relations entre tâches, les contraintes, les calendriers des tâches et tout autre facteur de planification). La barre de la tâche du Planning de Gantt se dimensionne en fonction de la durée saisie.*

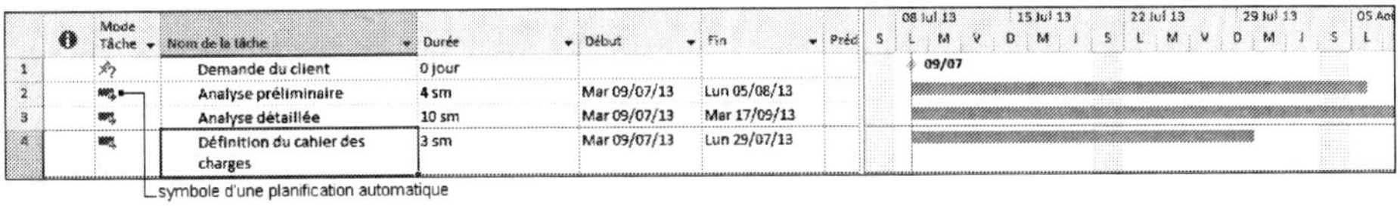

symbole d'une planification automatique

⇨ *Afin de travailler en temps écoulé (réel) et non en temps ouvré, tapez les codes "mé" (minutes, écoulées), "hé" (heures écoulées), "jé" (jours écoulés), "sé" (semaines écoulées) et "msé" (mois écoulés) sur les projets futurs.*

D-Afficher la tâche récapitulative du projet

- Pour afficher ou masquer la tâche récapitulative du projet, activez l'onglet **OUTILS DIAGRAMME DE GANTT - Format**, puis cochez ou décochez, selon le cas, l'option **Tâche récapitulative du projet** du groupe **Afficher/Masquer**.

⇨ *Pour modifier le nom de la tâche récapitulative du projet, modifiez le titre du projet dans la zone **Titre** de la boîte de dialogue **Propriétés de** (onglet **FICHIER** - option **Informations** - bouton **Informations sur le projet** dans le volet droit - option **Propriétés avancées** - onglet **Résumé**).*

TÂCHES

E- Modifier l'unité de temps par défaut pour les durées

- Onglet **FICHIER - Options** - catégorie **Échéancier**
- Dans la liste **Afficher la durée en**, choisissez votre unité de temps (ce changement d'unité de temps n'a aucun effet sur les durées déjà saisies ni sur les projets futurs).
- Cliquez sur **OK**.

⇨ *Pour choisir le format d'affichage des durées, utilisez l'option* ***Fichier - Options*** *- catégorie* ***Options avancées*** *puis choisissez les formats d'affichage attendus dans la zone* ***Options d'affichage de ce projet****. Pour ne pas avoir d'espace entre les nombres et les libellés d'unité de temps, décochez l'option* ***Ajouter un espace avant l'étiquette****.*

F- Organiser les tâches en phases (mode plan)

La ***Tâche récapitulative*** *regroupe des* ***Tâches*** *subordonnées qu'elle synthétise.*

Cette notion relève du ***Mode Plan*** *appelé aussi mode phase ou la WBS pour Work Breakdown Structure.*

Depuis la version 2010, Project autorise la création de la tâche récapitulative (dite "tâche récapitulative verticale") sans pour autant lui insérer des tâches subordonnées et sans donner nécessairement une durée à cette tâche récapitulative.

Créer une tâche récapitulative à planification automatique

- Sélectionnez les tâches subordonnées qui doivent être intégrées dans une même tâche récapitulative.
- Cliquez sur le bouton **Récapitulatif**  de l'onglet **TÂCHE** (groupe **Insérer**).

Une ***Nouvelle tâche récapitulative*** *est aussitôt ajoutée au-dessus des tâches sélectionnées et au niveau le plus haut du plan.*

Que les tâches soient en mode de planification automatique ou manuelle en utilisant cette méthode, vous noterez que par défaut la nouvelle tâche récapitulative est planifiée automatiquement, et de ce fait, Project indique la ***Durée*** *et les dates de* ***Début*** *et de* ***Fin*** *de cette tâche récapitulative.*

- Renommez la **Nouvelle tâche récapitulative** ainsi insérée.

Project ne limite pas (théoriquement) le nombre de niveaux de la WBS. Vous pouvez ainsi créer des tâches récapitulatives qui contiennent elles-mêmes des phases.

Créer une tâche récapitulative verticale (planification manuelle)

La tâche récapitulative verticale est en quelque sorte une variante de la tâche en mode manuel.

Pour illustrer cette fonctionnalité, nous allons utiliser pour exemple un nouveau projet pour lequel nous ne connaissons que les étapes de premier niveau.

- Vérifiez que le mode actif de planification des tâches est bien manuel (cf. C - Attribuer une durée aux tâches - Vérifier/modifier le mode de planification des tâches par défaut).
- Saisissez le nom des tâches ainsi que leur durée si vous les connaissez.

Pour le moment, les tâches saisies sont considérées comme des tâches ordinaires en mode de planification manuel.

- Si besoin, liez les tâches entre elles.
- Insérez une nouvelle tâche ordinaire après chacune des tâches existantes (onglet **TÂCHE** - groupe **Insérer** - partie supérieure du bouton **Tâche**).
- Sélectionnez chaque **<Nouvelle tâche>** puis cliquez sur l'outil **Abaisser la tâche** (onglet **TÂCHE** - groupe **Planifier**) pour les transformer en tâche subordonnée unique des tâches d'origine.

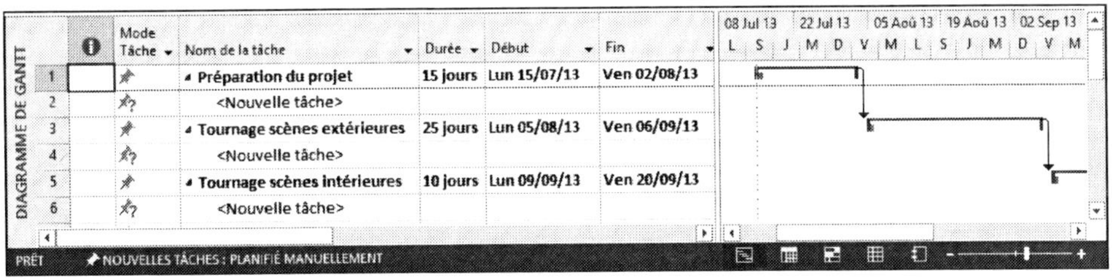

Notez que les tâches récapitulatives verticales sont toujours en mode de planification manuel.

Afficher/masquer des tâches subordonnées

- Pour masquer ou afficher une phase par rapport à une tâche précise, cliquez dans la tâche récapitulative concernée puis sur le symbole ◢ ou ▷ (selon le cas) qui précède le nom de la tâche.
- Pour afficher les tâches d'un niveau hiérarchique ainsi que toutes les tâches de niveau supérieur, cliquez sur l'onglet **AFFICHAGE** :

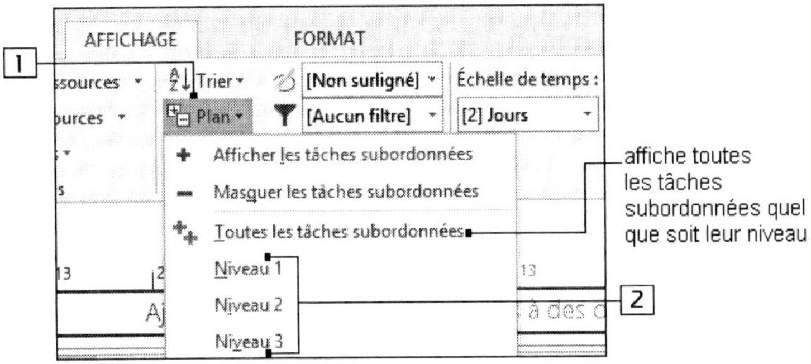

[1] Cliquez sur le bouton **Plan**.

[2] Choisissez le niveau hiérarchique souhaité.

- Pour masquer toutes les tâches subordonnées d'un projet, ouvrez la liste **Filtrer** de l'onglet **AFFICHAGE** puis choisissez l'option **Autres filtres**, cliquez sur l'option **Tâches de niveau supérieur** dans la liste des **Filtres** de type **Tâche**, puis validez par le bouton **Appliquer**.
- Inversement, pour afficher de nouveau toutes les subordonnées, ouvrez de nouveau la liste **Filtrer** et choisissez l'option **Aucun filtre**.
- Enfin, pour n'afficher que les tâches récapitulatives d'un projet, ouvrez la liste **Filtrer** et cliquez sur l'option **Tâches récapitulatives**.

⇒ *Pour déplacer un groupe de tâches organisées en plan, effectuez un cliqué-glissé de la tâche récapitulative à l'endroit désiré.*

⇨ *Pour reporter une barre du Gantt sur une barre récapitulative, faites un double clic sur la tâche subordonnée à reporter, activez l'onglet **Général** puis cochez l'option **Report** avant de valider.*

G- Établir les liaisons entre les tâches (planification automatique)

*On appelle **prédécesseur** une tâche qui doit commencer ou se terminer avant qu'une autre tâche puisse commencer ; on appelle **successeur** une tâche qui dépend de la date de début ou de fin d'une tâche précédente.*

Établir une liaison de type Fin à début

▷ Sélectionnez les tâches à lier dans la **Table** du **Gantt**.

▷ Cliquez sur l'outil de l'onglet **TÂCHE** (groupe **Planifier**).

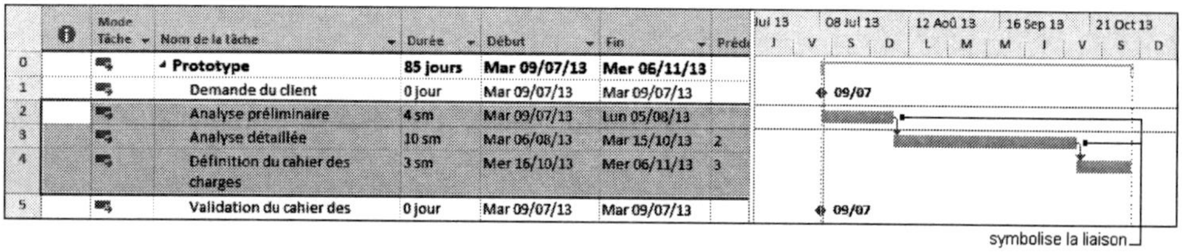

⇨ *Vous pouvez aussi pointer la barre qui représente la première tâche puis, lorsque le pointeur prend la forme ✥, réaliser un cliqué-glissé vers la seconde barre.*

Établir une liaison de tout type entre deux ou plusieurs tâches

Première méthode

▷ Réalisez un double clic dans une cellule de la tâche successeur.

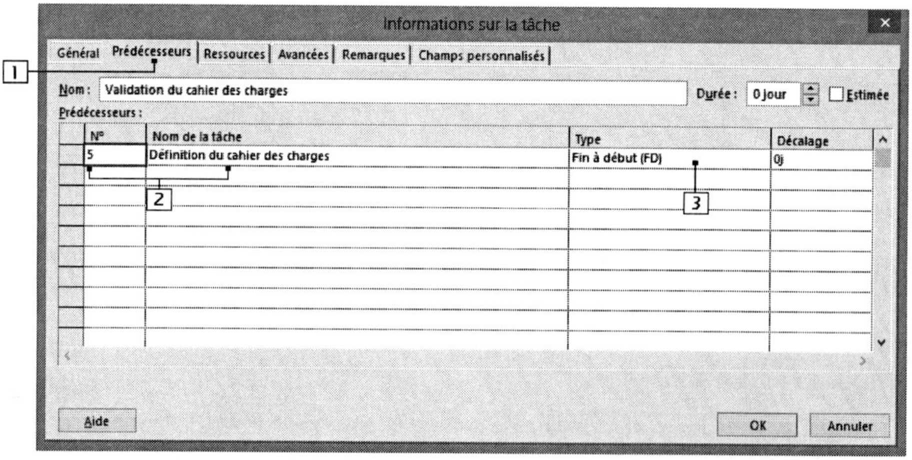

1 Activez cet onglet.

[2] Tapez le numéro de la tâche prédécesseur et appuyez sur la touche ⇥ ou sélectionnez le nom de la tâche dans la liste.

[3] Si la relation proposée ne convient pas, cliquez dans cette cellule, ouvrez la liste puis cliquez sur le type de relation souhaité.

▷ Établissez ainsi toutes les relations entre ce successeur et ses prédécesseurs et confirmez par le bouton **OK**.

Deuxième méthode

▷ À partir de la **Table Entrée** du **Gantt**, cliquez dans la cellule **Prédécesseurs** de la tâche successeur.

▷ Renseignez alors les numéros des prédécesseurs à l'aide des règles suivantes puis validez par la touche ↵.

- Numéro des prédécesseurs :

Un seul prédécesseur	saisir son numéro.
Plusieurs prédécesseurs	séparer les numéros par un point-virgule.

- Type de relation :

Fin à début	ne saisir que les numéros.
Début à début	faire suivre le numéro des lettres DD.
Fin à fin	faire suivre le numéro des lettres FF.
Début à fin	faire suivre le numéro des lettres DF.

⇨ *Pour supprimer toutes les liaisons qui relient un successeur à ses prédécesseurs, cliquez sur la tâche successeur puis sur l'outil (onglet **TÂCHE** - groupe **Planifier**) ou faites* Ctrl ⇧ F2.

H-Définir des délais sur les liens (planification automatique)

Par la boîte de dialogue Informations sur la tâche

▷ Réalisez un double clic sur la tâche successeur concernée.

▷ Activez l'onglet **Prédécesseurs** de la boîte de dialogue **Informations sur la tâche**.

▷ Dans la cellule **Décalage** de la liaison concernée, entrez une valeur positive si le délai correspond à un retard ou une valeur négative dans le cas d'une avance.

▷ Cliquez sur **OK**.

⇨ *Les délais peuvent être exprimés en unités de temps (minutes, heures, jours, mois, semaines) ouvré ou écoulé, ou en pourcentage.*

Par la table Entrée

▷ Activez la cellule **Prédécesseurs** de la tâche successeur concernée.

▷ Entrez la durée du délai en respectant toutes les règles vues précédemment ; mais sachez que pour les relations de type Fin à début, les lettres FD doivent impérativement être saisies lorsqu'il y a des délais.

▷ Tapez + (plus) s'il s'agit d'une attente ou - (moins) s'il s'agit d'une avance.

	Prédécesseurs	Noms ressources
4	3FD+6 hr	
5	4FD+2 hr	

▷ Validez la saisie.

Par la boîte de dialogue Dépendance entre tâches

▷ Dans le Diagramme de Gantt, faites un double clic sur le lien concerné par la saisie du délai.

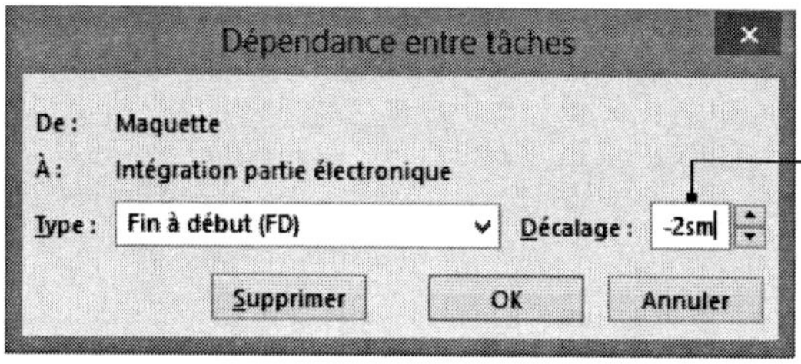

I- Établir des liaisons entre les tâches (planification manuelle)

Si la tâche récapitulative est en mode de planification automatique

▷ Sélectionnez les tâches concernées par la liaison de type Fin à début puis cliquez sur l'outil **Lier les tâches sélectionnées** (onglet **TÂCHE** - groupe **Planifier**).

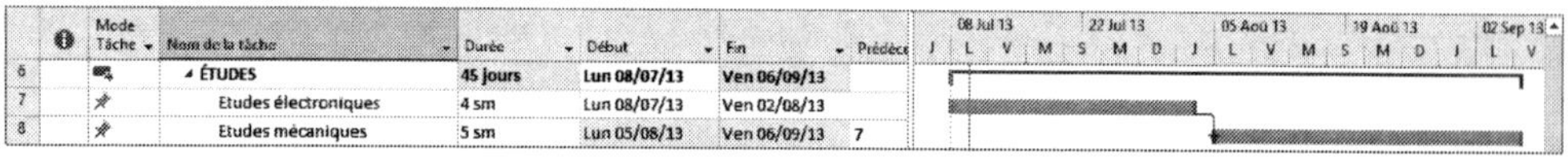

*Dans cet exemple, la tâche récapitulative **ÉTUDES** étant en mode de planification automatique, la **Durée** ainsi que les dates de **Début** et de **Fin** ont été calculées automatiquement en fonction de la planification des tâches qui viennent d'être liées.*

*Notez que les tâches manuellement planifiées (7 et 8 dans notre exemple), disposent désormais de l'icône dans la colonne **Mode Tâche** puisqu'au moins deux de leurs trois facteurs de planification (date de **Début**, date de **Fin** et **Durée**) ont été renseignés. Notez également le nouvel aspect de leurs barres du planning de Gantt, ces dernières sont représentées avec un trait vertical de couleur plus foncée à leurs deux extrémités.*

Si la tâche récapitulative est en mode de planification manuelle

▷ Sélectionnez les tâches concernées par une nouvelle liaison de type Fin à début, puis cliquez sur l'outil **Lier les tâches sélectionnées** (onglet **TÂCHE** - groupe **Planifier**).

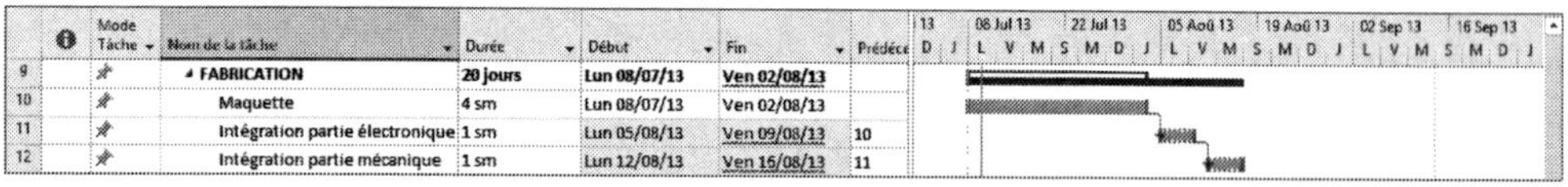

*Dans cet exemple, la tâche récapitulative **FABRICATION** étant en mode de planification manuelle, Project n'a pas su calculer la durée totale des tâches qui viennent d'être liées par un type de liaison Fin à début.*

Dans le Planning de Gantt, vous noterez que la tâche récapitulative est représentée par une barre (rouge) de type ***Report récapitulatif manuel (avertissement)*** *dont la longueur est proportionnelle à la durée totale de la phase. Cette barre commence sur la barre (gris noir)* ***Récapitulatif manuel*** *proportionnelle à la durée de la première tâche du lot, et qui a la même apparence qu'une barre de tâche récapitulative normale.*

En pointant la barre (rouge) ***Report récapitulatif manuel (avertissement)*** *ou la barre (gris noir)* ***Récapitulatif manuel****, leurs caractéristiques apparaissent dans une info-bulle.*

Un trait rouge souligne chaque date devant être planifiée.

Les barres subordonnées (planning de Gantt) sont représentées avec un trait vertical de couleur plus foncée à leurs deux extrémités et entourées de pointillés.

Attention, il est important de noter que Project calcule la date de début du successeur en fonction de la ***Durée*** *qu'avait son prédécesseur avant que les deux tâches ne soient liées ! De ce fait, en fonction de l'ordre dans lequel les données auront été saisies, le résultat obtenu peut être différent.*

J- Définir des délais sur les liens (planification manuelle)

▷ Réalisez un double clic sur la tâche successeur.

▷ Activez l'onglet **Prédécesseurs** de la boîte de dialogue **Informations sur la tâche**.

▷ Dans la cellule **Décalage** de la liaison concernée, entrez une valeur positive si le délai correspond à un retard ou une valeur négative dans le cas d'une avance.

▷ Cliquez sur le bouton **OK**.

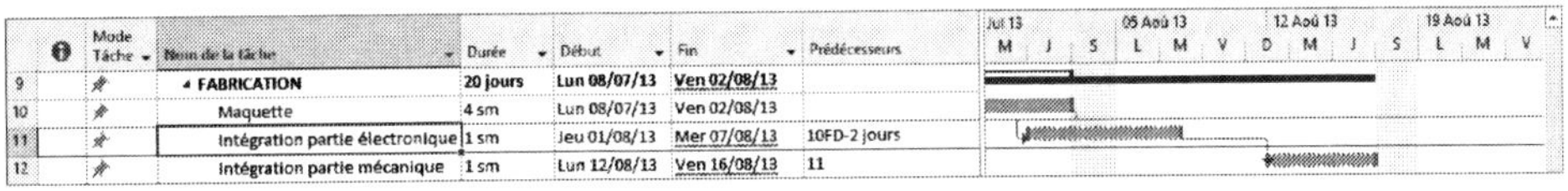

	Mode Tâche	Nom de la tâche	Durée	Début	Fin	Prédécesseurs
9		FABRICATION	20 jours	Lun 08/07/13	Ven 02/08/13	
10		Maquette	4 sm	Lun 08/07/13	Ven 02/08/13	
11		Intégration partie électronique	1 sm	Jeu 01/08/13	Mer 07/08/13	10FD-2 jours
12		Intégration partie mécanique	1 sm	Lun 12/08/13	Ven 16/08/13	11

Dans notre exemple, la tâche ***Intégration partie électronique*** *commence désormais avant la fin de la tâche* ***Maquette*** *; mais notez que la tâche* ***Intégration partie mécanique*** *ne s'est pas déplacée et commence toujours le 12/08/13, elle n'a donc pas tenu compte de l'avance prise par son prédécesseur.*

⇒ *Project gère la planification d'une tâche subordonnée en mode manuel de la même manière qu'elle soit sous une tâche récapitulative en mode automatique ou en mode manuel.*

K- Modifier une durée en mode Planification manuelle

Voyons ici l'incidence que peut avoir la modification d'une durée d'une tâche planifiée en mode manuel sur la tâche récapitulative, elle-même planifiée en mode manuel.

Pour illustrer ce titre, nous allons utiliser cet exemple :

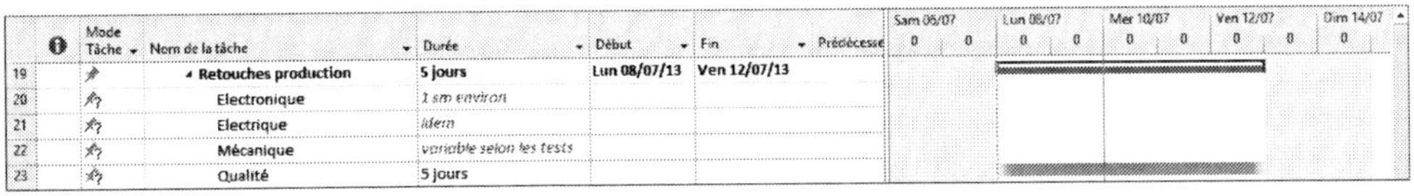

	Mode Tâche	Nom de la tâche	Durée	Début	Fin	Prédécesse
19		Retouches production	5 jours	Lun 08/07/13	Ven 12/07/13	
20		Electronique	*1 sm environ*			
21		Electrique	*idem*			
22		Mécanique	*variable selon les tests*			
23		Qualité	5 jours			

Nous allons dans un premier temps passer la durée de la tâche ***Qualité*** *de 5 à 10 jours.*

▷ Modifiez la **Durée** de la tâche concernée.

TÂCHES

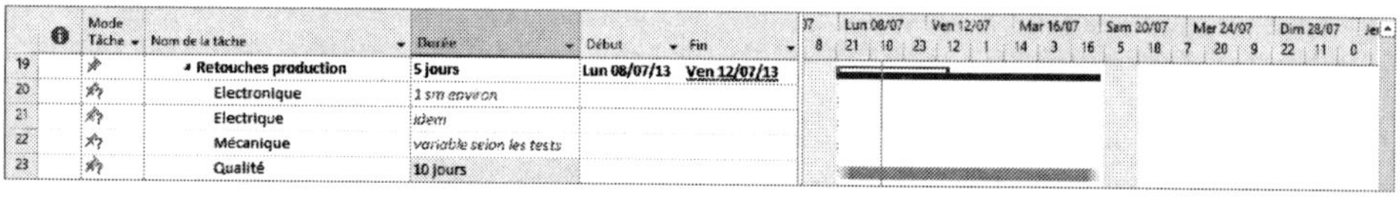

Notez que la barre (rouge) ***Report récapitulatif manuel (avertissement)*** *de la tâche récapitulative affiche bien les 10 jours correspondant à la nouvelle durée de la tâche subordonnée (**Qualité**).*

Dans le cadre de notre exemple, nous allons désormais annuler cette dernière modification,repasser la durée de la tâche ***Qualité*** *à 5 jours, et nous allons saisir une durée de 20 jours pour la tâche récapitulative (saisie possible en raison du mode manuel affecté à cette tâche). Puis nous pourrons observer le résultat.*

▷ Annulez la dernière saisie à l'aide de l'outil **Annuler** de la barre d'outils Accès rapide.

▷ Saisissez la nouvelle **Durée** de la tâche récapitulative dont la planification est définie en mode manuel.

*Observons les résultats : la tâche récapitulative est désormais représentée par deux barres dans le planning de Gantt. La barre classique (**Récapitulatif manuel**) affiche une durée de 20 jours (durée saisie) sur l'échelle temps, et la barre du dessous (bleu) signale un **Report récapitulatif manuel**.*

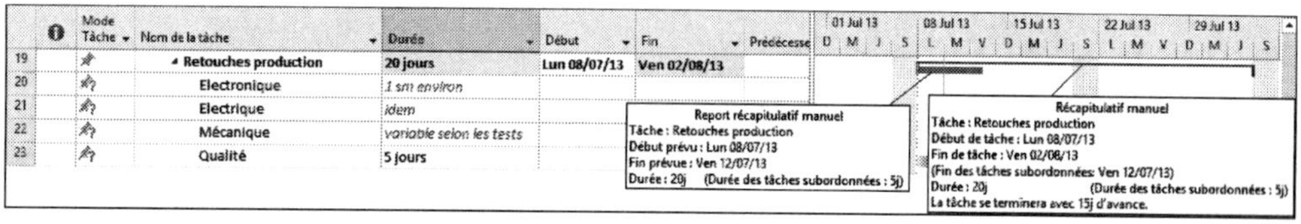

L- Désactiver/réactiver les tâches

Cette fonctionnalité donne la possibilité au chef de projet d'intégrer ou non des tâches dans la planification et l'analyse de son projet. Cela lui permet par exemple de simuler = une planification de son projet sans une de ses phases afin d'effectuer des comparaisons, ou encore d'intégrer ou non certaines tâches dont la faisabilité est hypothétique.

▷ Pour désactiver/activer des tâches, sélectionnez les tâches concernées ou uniquement la tâche récapitulative si toutes ses tâches subordonnées doivent être désactivées/activées.

▷ Cliquez sur l'outil **Désactiver** de l'onglet **TÂCHE** (groupe **Planifier**).

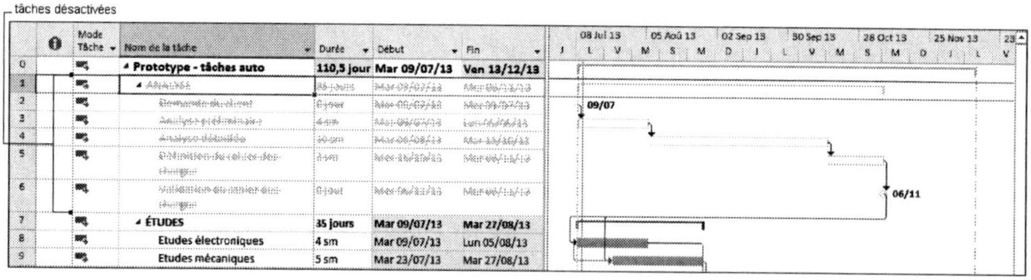

*Dans le cas d'une désactivation, Project planifie la phase suivante (**ÉTUDES** dans notre exemple) sans tenir compte de la phase « désactivée ».*

Attention, si vous souhaitez conserver un lien entre une éventuelle tâche précédent les tâches désactivées avec une tâche suivant ces tâches désactivées, vous devrez le créer.

⇨ *Pour désactiver ou réactiver une tâche, vous pouvez aussi faire un clic droit sur cette tâche, puis cliquer sur l'option **Désactiver la tâche** de son menu contextuel.*

M-Gérer le calendrier de tâche

Project ne crée pas automatiquement de calendriers de tâche au moment de la création de la tâche car il utilise, dans ce cas, le calendrier de projet.

Créer un nouveau calendrier

▷ Onglet **PROJET** - outil **Modifier les horaires de travail** - bouton **Créer un nouveau calendrier**

▷ Attribuez un **Nom** au nouveau calendrier puis précisez si vous souhaitez **Créer un nouveau calendrier de base** ou **Faire une copie du calendrier** sélectionné dans la liste associée.

▷ Cliquez sur le bouton **OK**.

▷ Adaptez alors le calendrier à vos besoins (comme vous le feriez pour un calendrier de projet) puis validez en cliquant sur le bouton **OK**.

⇨ *Pour supprimer un calendrier de base, utilisez l'Organisateur de Project (onglet **FICHIER** - **Informations** - bouton **Organisateur**).*

Lier le calendrier à une tâche

▷ Sélectionnez la tâche concernée par ce calendrier.

▷ Onglet **TÂCHE** - groupe **Propriétés** - bouton **Informations**

▷ Cliquez sur l'onglet **Avancées**.

▷ Sélectionnez le calendrier à appliquer à cette tâche dans la liste **Calendrier**.

Si vous appliquez un calendrier à une tâche pour laquelle des ressources ont été affectées, sachez que Project prévoit par défaut la tâche dans les périodes ouvrées communes au calendrier des tâches et aux calendriers des ressources ! Mais vous pouvez bien sûr demander à Project de ne tenir compte que du calendrier des tâches.

▷ Pour que Project ne tienne compte que du calendrier de tâche et ignore les calendriers des ressources, cochez l'option **Les prévisions ignorent les calendriers des ressources**.

Dans ce cas les ressources affectées à cette tâche sont alors replanifiées à des moments qui pourraient être, pour elles, des périodes chômées !

▷ Cliquez sur le bouton **OK**.

L'icône signale qu'un calendrier de tâche a été affecté à cette tâche.

N-Découvrir les dates de début et de fin de tâche

▷ Déplacez-vous dans la largeur de la **Table Entrée** du **Gantt** ; utilisez, si besoin, est la flèche de la barre de défilement horizontal pour atteindre les colonnes **Durée**, **Début** et **Fin**.

En cas de planification automatique, il est fortement déconseillé de saisir des dates dans les deux dernières colonnes citées (bien que cela soit techniquement possible). Mieux vaut laisser Project les calculer seul ! Si vous avez des impératifs de dates, Project a prévu un module pour en tenir compte. Les calculs effectués tiennent compte d'un ensemble de facteurs, dont les liaisons entre les tâches et le calendrier du projet.

*Rappelons qu'en planification manuelle, il est possible de renseigner la **Durée** ou la date de **Début** ou la date de **Fin** sans avoir l'obligation de renseigner les autres champs (cf. 3.1 - C - Attribuer une durée aux tâches).*

	Mode Tâche	Nom de la tâche	Durée	Début	Fin	Prédécesseurs
21		Electronique	1 sm			
22		Mécanique			Mer 17/07/13	
23		Derniers tests		Jeu 18/07/13		

*Si vous renseignez l'une des données manquantes (**Durée**, **Début** ou **Fin**), les autres sont calculées.*

	Mode Tâche	Nom de la tâche	Durée	Début	Fin	Prédécesseurs
21		Electronique	1 sm			
22		Mécanique	5 jours	Jeu 11/07/13	Mer 17/07/13	
23		Derniers tests		Jeu 18/07/13		

*Si vous renseignez la **Durée** de la tâche alors que la date de **Fin** est déjà connue (tâche 22 dans notre exemple), la date de **Début** est automatiquement calculée, et ce, quelle que soit le mode de planification par la "date de début" ou la "date de fin" choisie par défaut pour le projet.*

O- Lier une tâche à un lien hypertexte

▷ Sélectionnez la tâche concernée par le lien.

▷ Utilisez le raccourci-clavier Ctrl **K** pour activer la boîte de dialogue **Insérer un lien hypertexte**.

▷ Si vous souhaitez qu'un texte particulier s'affiche dans une info-bulle lorsque vous pointerez le lien hypertexte, saisissez le **Texte à afficher** dans la zone correspondante.

Si vous ne spécifiez rien dans cette zone, Project reprend le chemin ou l'adresse du fichier dans l'info-bulle.

▷ Si vous souhaitez créer un lien vers un fichier existant, recherchez-le à l'aide de la liste **Regarder dans** et du cadre qui lui est associé, puis sélectionnez-le.

Si vous souhaitez créer un lien vers une adresse Internet, saisissez-la dans la zone **Adresse**.

Si vous souhaitez créer un lien vers un signet, cliquez sur le bouton **Signet** puis sélectionnez-le.

▷ Cliquez sur le bouton **OK**.

*L'icône apparaît en marge de la tâche dans la colonne **Indicateurs** . En pointant cette icône, sa description apparaît dans une info-bulle.*

Pour ouvrir la page Web dans votre navigateur ou le fichier correspondant, cliquez sur l'icône en marge de la tâche.

3.2 La gestion des tâches

A- Modifier la liste des tâches

Supprimer une tâche

▷ Faites un clic droit dans une cellule de la tâche concernée puis cliquez sur **Supprimer la tâche**.

Vous pouvez aussi cliquer sur le numéro de la tâche puis appuyer sur la touche Suppr.

Insérer une nouvelle tâche ordinaire

- Cliquez sur la tâche qui suivra la nouvelle ; pour insérer plusieurs nouvelles tâches, sélectionnez autant de tâches que vous voulez en insérer.
- Ouvrez la liste du bouton **Tâche** (onglet **TÂCHE** - groupe **Insérer**) puis cliquez sur l'option **Tâche**.
- Saisissez les données de la nouvelle tâche.

Recopier une tâche

- Sélectionnez la ou les tâches à copier en cliquant sur le ou les numéros correspondants.
- Outil **Copier** (onglet **TÂCHE** - groupe **Presse-papiers**) ou Ctrl **C**
- Pour copier les tâches à la fin de la table, cliquez dans la première ligne vide de la table ; pour les copier dans la table, cliquez dans une cellule de la tâche qui suivra les tâches copiées.
- Outil **Coller** (onglet **TÂCHE** - groupe **Presse-papiers**) ou Ctrl **V**

Déplacer une tâche

- Sélectionnez la ou les lignes des tâches à déplacer.
- Placez le pointeur de la souris sur un des numéros des tâches sélectionnées : le pointeur se transforme en ✥.
- Faites glisser la ou les tâches jusqu'au nouvel emplacement en vous aidant de la barre horizontale grise qui apparaît.

  Les autres tâches sont renumérotées.

⇨ *Si vous n'avez pas accès à cette technique de déplacement, utilisez l'onglet **FICHIER - Options** - catégorie **Options avancées** et cochez l'option **Glisser - déplacer les cellules** (zone **Modification**).*

⇨ *Suite à ces diverses modifications, Project s'efforce de mettre à jour les liaisons. Si cela n'est pas le cas ou si vous souhaitez assumer seul(e) cette gestion, utilisez l'onglet **FICHIER - Options** - catégorie **Options avancées** et cochez (ou décochez selon le cas) l'option **Confirmer la mise à jour automatique des liens** (zone **Modification**).*

B- Trier la liste des tâches

- Onglet **AFFICHAGE** - groupe **Données** - bouton **Trier**

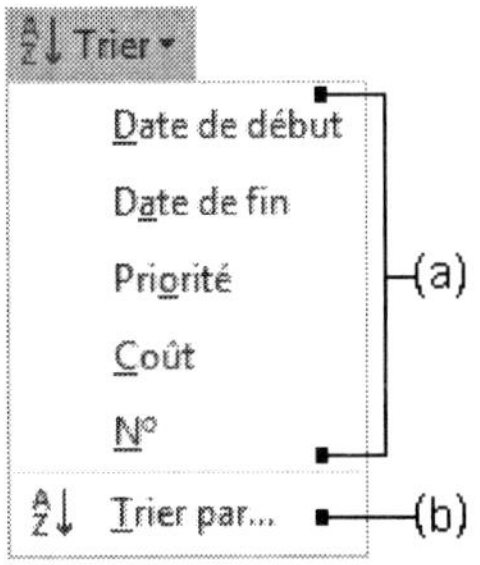

▹ Choisissez :

(a) pour trier selon un critère standard.

(b) pour trier selon un critère élaboré.

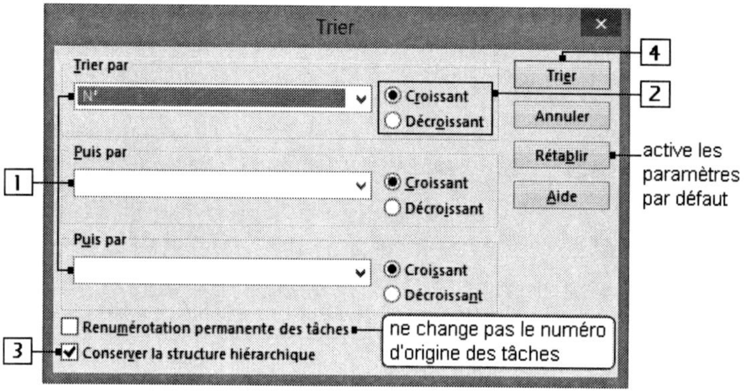

1 Pour chaque critère de tri à poser, sélectionnez le nom du champ dans la liste appropriée.

2 Indiquez le sens du tri.

3 Conservez cette option cochée pour que le tri des tâches s'effectue à l'intérieur de leur structure hiérarchique. C'est-à-dire que les tâches subordonnées restent avec leurs tâches récapitulatives.

4 Lancez la réorganisation des tâches.

⇨ *Lorsque la renumérotation des tâches n'a pas été demandée, pour retrouver l'ordre d'origine, utilisez l'onglet **AFFICHAGE** - bouton **Trier - N°** ou* ⇧ F3.

C- Poser une date de contrainte

*Sans cette manipulation, les tâches commencent **Dès que possible** dans un projet prévu à partir de la date de début et **Le plus tard possible** dans un projet prévu à partir de la date de fin.*

▹ Faites un double clic sur la tâche concernée.

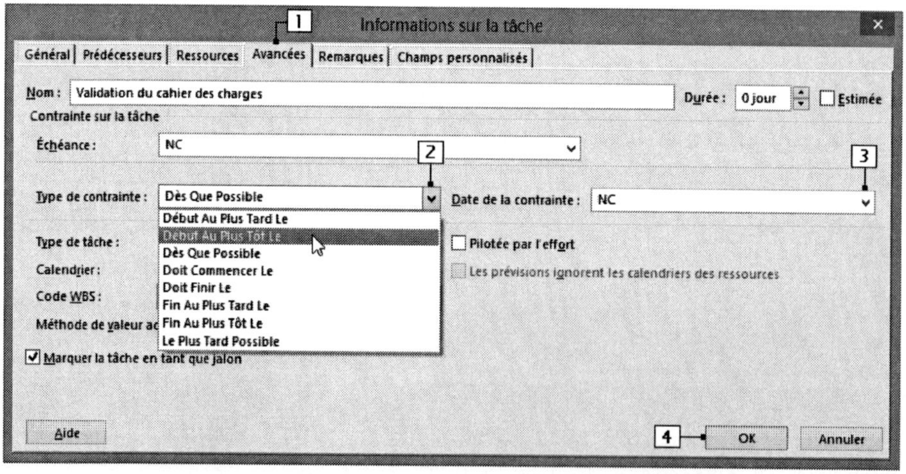

1 Activez cet onglet.

2 Choisissez la nature du **Type de contrainte** grâce aux options :

Début Au Plus Tard Le (DPTA) : la tâche doit commencer au plus tard à la date précisée. Cette option permet de garantir qu'une tâche ne commencera pas après une date déterminée.

Début Au Plus Tôt Le (DPTO) : la tâche doit commencer au plus tôt à la date stipulée. S'applique aux tâches qui ne peuvent pas commencer avant une date donnée.

Dès Que Possible (DQP) : ceci correspond en fait à aucune contrainte. La tâche commence dès que possible en fonction des autres contraintes et des liaisons.

Doit Commencer Le (DCL) (1) : la tâche doit commencer à une date précise.

Doit Finir Le(DFL) (1) : la tâche doit se terminer à une date précise.

Fin Au Plus Tard Le (FPTA) : la tâche doit s'achever au plus tard à la date précisée. Cette option permet de garantir qu'une tâche ne se terminera pas après une date déterminée.

Fin Au Plus Tôt Le (FPTO) : la tâche doit s'achever au plus tôt à la date précisée. S'applique aux tâches qui ne peuvent pas se terminer avant une date donnée.

Le Plus Tard Possible (LPTP) : la tâche commencera le plus tard possible en fonction des autres contraintes et liaisons.

(1) Ces deux contraintes sont dites INFLEXIBLES car elles ne laissent aucun degré de liberté, ni en avant, ni en arrière.

3 Renseignez la date de la contrainte. Vous pouvez compléter une date par la saisie de l'heure en les séparant par un espace (exemple : 24/11/13 17:00).

4 Validez.

⇨ *Pour supprimer une contrainte, faites un double clic sur la tâche concernée pour ouvrir la boîte de dialogue **Informations sur la tâche** puis activez l'onglet **Avancées**. Sélectionnez le **Type de contrainte : Dès Que Possible** si la planification se fait à partir de la date de début du projet ou **Le Plus Tard Possible** si la planification se fait à partir de la date de fin du projet.*

⇨ *Lorsque Project planifie une tâche au plus tard, il tient compte de la Marge totale et non de la Marge libre.*

⇨ *Les indicateurs de contrainte sont listés en annexe de cet ouvrage.*

⇨ *En pointant l'icône de contrainte située dans la colonne **Indicateurs**, les détails de la contrainte apparaissent dans une info-bulle.*

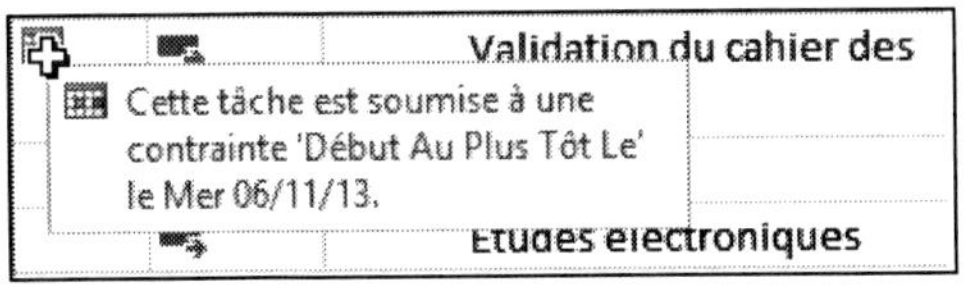

⇨ *Certaines manipulations sur les contraintes de tâches peuvent avoir des incidences :*

- *Si par exemple vous renseignez une date de début à une tâche, soit en la saisissant dans la colonne Début, ou bien en faisant glisser la barre de Gantt directement dans le diagramme de Gantt, sachez que Project applique une contrainte **Début Au Plus Tôt Le** à la tâche concernée.*
- *Si vous renseignez une date de fin à une tâche, dans ce cas, Project applique une contrainte de type **Fin Au Plus Tôt Le** à la tâche concernée.*

D- Définir une date d'échéance pour une tâche

Cette fonctionnalité vous permet de suivre l'échéance d'une tâche particulière sans pour autant verrouiller vos prévisions par une contrainte fixe.

- ▷ Faites un double clic sur la tâche concernée par la date d'échéance.
- ▷ Dans la boîte de dialogue **Informations sur la tâche**, cliquez sur l'onglet **Avancées**.
- ▷ Saisissez ou sélectionnez la date d'**Échéance** dans le cadre **Contrainte sur la tâche**.
- ▷ Validez par le bouton **OK**.
- ⇨ *Une flèche verte signale sur le Diagramme de Gantt la date d'échéance appliquée à la tâche.*
- ⇨ *Si la date de fin de tâche est postérieure à la date d'échéance, Microsoft Project signale l'échéance manquée à l'aide de cet indicateur rouge dans la colonne Indicateurs de la tâche.*

E- Utiliser l'Inspecteur de tâche

L'Inspecteur de tâche affiche les facteurs (prédécesseurs, contraintes, exceptions de calendrier) qui influencent la date de début de la tâche sélectionnée. En cas de conflit/difficulté sur une tâche, il vous permet de résoudre ces problèmes.

- ▷ Pour afficher l'Inspecteur de tâche, cliquez sur le bouton **Inspecter** (onglet **TÂCHE** - groupe **Tâches**).
- ▷ Dans la table Entrée, cliquez sur la tâche pour laquelle vous souhaitez afficher les facteurs ayant une incidence sur la date de début.

Premier exemple : cas classique

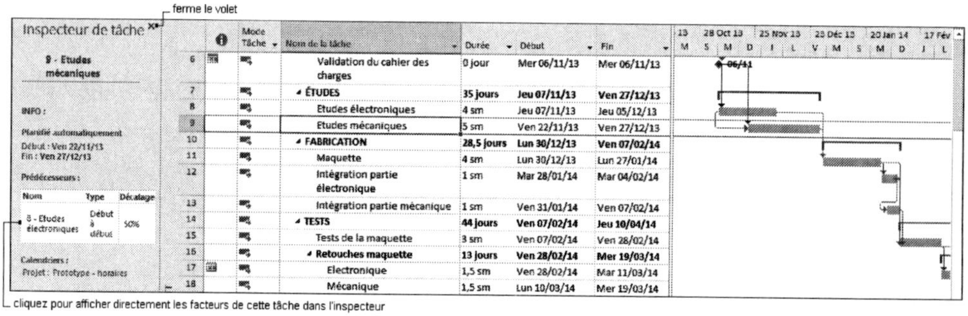

Si la tâche sélectionnée dispose de plusieurs prédécesseurs ou une contrainte de planification ***Au plus tôt****, il est vraisemblable que Project privilégie un seul de ces prédécesseurs ou alors la contrainte pour calculer la date de début au plus tôt de la tâche.*

Deuxième exemple : cas de conflit

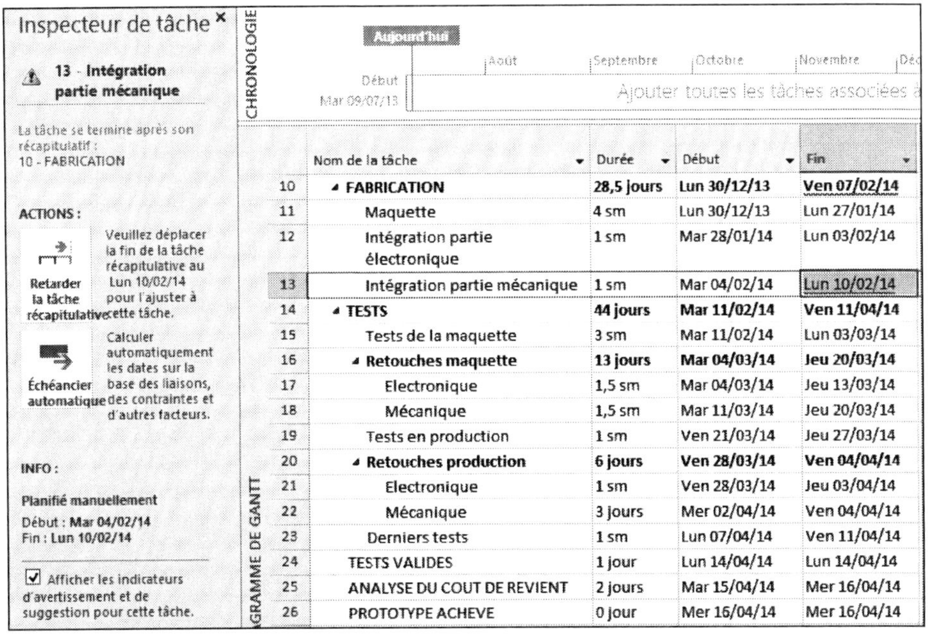

	Nom de la tâche	Durée	Début	Fin
10	**FABRICATION**	**28,5 jours**	**Lun 30/12/13**	**Ven 07/02/14**
11	Maquette	4 sm	Lun 30/12/13	Lun 27/01/14
12	Intégration partie électronique	1 sm	Mar 28/01/14	Lun 03/02/14
13	Intégration partie mécanique	1 sm	Mar 04/02/14	Lun 10/02/14
14	**TESTS**	**44 jours**	**Mar 11/02/14**	**Ven 11/04/14**
15	Tests de la maquette	3 sm	Mar 11/02/14	Lun 03/03/14
16	**Retouches maquette**	**13 jours**	**Mar 04/03/14**	**Jeu 20/03/14**
17	Electronique	1,5 sm	Mar 04/03/14	Jeu 13/03/14
18	Mécanique	1,5 sm	Mar 11/03/14	Jeu 20/03/14
19	Tests en production	1 sm	Ven 21/03/14	Jeu 27/03/14
20	**Retouches production**	**6 jours**	**Ven 28/03/14**	**Ven 04/04/14**
21	Electronique	1 sm	Ven 28/03/14	Jeu 03/04/14
22	Mécanique	3 jours	Mer 02/04/14	Ven 04/04/14
23	Derniers tests	1 sm	Lun 07/04/14	Ven 11/04/14
24	TESTS VALIDES	1 jour	Lun 14/04/14	Lun 14/04/14
25	ANALYSE DU COUT DE REVIENT	2 jours	Mar 15/04/14	Mer 16/04/14
26	PROTOTYPE ACHEVE	0 jour	Mer 16/04/14	Mer 16/04/14

Dans ce cas, la tâche subordonnée 13 se termine après la tâche récapitulative 10, ce qui a pour conséquence de générer une erreur repérable à l'aide du trait souligné rouge sous les dates de fin des tâches 10 et 13.

*Ici, l'Inspecteur de tâche propose des **ACTIONS** permettant de régler le conflit ; ces options sont également accessibles à partir du menu contextuel de la donnée conflictuelle (clic droit sur cette donnée).*

▷ Pour masquer l'**Inspecteur de tâche**, cliquez à nouveau sur le bouton **Inspecter** .

⇨ *Pour afficher les avertissements, les suggestions et/ou les problèmes ignorés pour toutes les tâches de votre projet, ouvrez la liste du bouton **Inspecter** puis choisissez l'option souhaitée.*

F- Saisir une remarque sur une tâche

▷ Sélectionnez la tâche à commenter.

▷ Cliquez sur l'outil (onglet **TÂCHE** - groupe **Propriétés**).

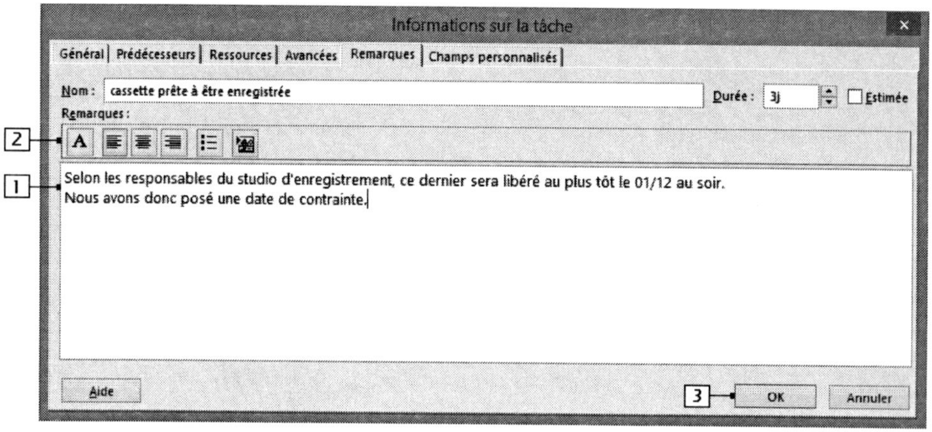

1 Saisissez votre commentaire en utilisant la touche ↵ pour changer de paragraphe ou ⇧ ↵ pour provoquer un saut de ligne.

2 Effectuez les modifications de présentation grâce aux outils proposés.

3 Validez.

Dans la colonne des indicateurs, une petite feuille matérialise la présence d'une remarque. Lorsque vous la pointez vous visualisez son contenu.

⇨ *Pour visualiser une remarque, pointez l'icône correspondante située dans la colonne **Indicateurs** : la remarque apparaît alors dans une info-bulle ; un double clic sur cette même icône ouvre la boîte de dialogue **Informations sur la tâche**.*

▷ Pour filtrer les tâches commentées, ouvrez la liste **Filtrer** de l'onglet **AFFICHAGE** puis cliquez sur **Autres filtres**. Sélectionnez **Tâches avec pièces jointes** puis cliquez sur le bouton **Appliquer**.

G- Fractionner une tâche

▷ Affichez un Gantt puis sélectionnez la tâche à fractionner.

▷ Cliquez sur le bouton **Fractionner la tâche** (onglet **TÂCHE** - groupe **Planifier**).

La touche Echap du clavier désactive le processus de fractionnement.

▷ Placez le pointeur de la souris au-dessus de la barre de Gantt de la tâche concernée.

L'info-bulle indique la date à laquelle le second segment de la tâche débutera si vous cliquez sur la barre de Gantt. L'info-bulle vous permet ainsi un fractionnement précis.

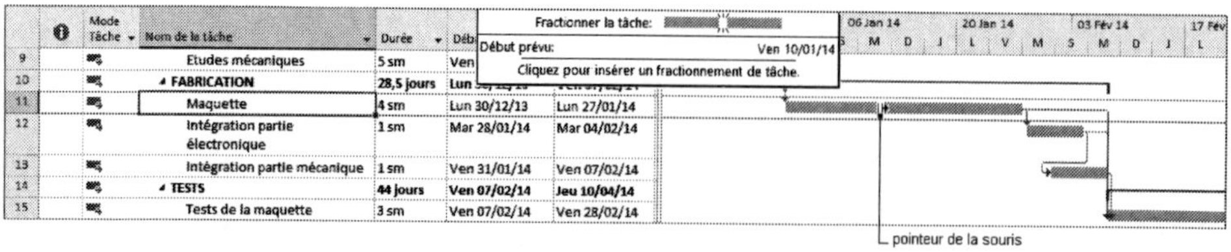

- Déplacez le pointeur de la souris sans cliquer au-dessus de la barre de Gantt de la tâche concernée jusqu'à ce que la date souhaitée de début de l'interruption apparaisse dans l'info-bulle.
- Cliquez puis faites glisser la partie fractionnée vers la droite jusqu'à ce que la date de début du second segment apparaisse dans l'info-bulle.

  *Lors du cliqué-glissé, les dates proposées sont liées à l'Échelle de temps définie dans la boîte de dialogue de même nom (onglet **AFFICHAGE** - groupe **Zoom** - liste **Échelle de temps** - option **Échelle de temps** - onglet **Niveau inférieur**).*
- Pour supprimer le fractionnement d'une tâche, pointez le second segment, puis faites-le glisser jusqu'à ce qu'il touche le premier segment.

⇨ *Pour masquer les pointillés représentant les interruptions de tâche, décochez l'option **Afficher les fractionnements de barres** de la boîte de dialogue **Disposition** (onglet **FORMAT** - groupe **Format** - outil **Disposition**).*

⇨ *Pour replanifier un segment, vous pouvez le faire glisser vers la gauche ou vers la droite.*

⇨ *La durée de l'interruption (ligne pointillée) n'est pas incluse dans la durée de la tâche, sauf si la tâche est de type Durée fixe.*

⇨ *Si la durée de la tâche fractionnée est amenée à changer, c'est le dernier segment de la tâche qui se modifie. De même, si une tâche est replanifiée, c'est l'ensemble de la tâche, interruptions comprises, qui est replanifié. La tâche conserve le même nombre de segments et d'interruptions.*

H- Créer une tâche périodique

- Positionnez-vous à l'endroit où la tâche répétitive doit s'afficher.
- Onglet **TÂCHE** - groupe **Insérer** - liste du bouton **Tâche** - option **Tâche périodique**

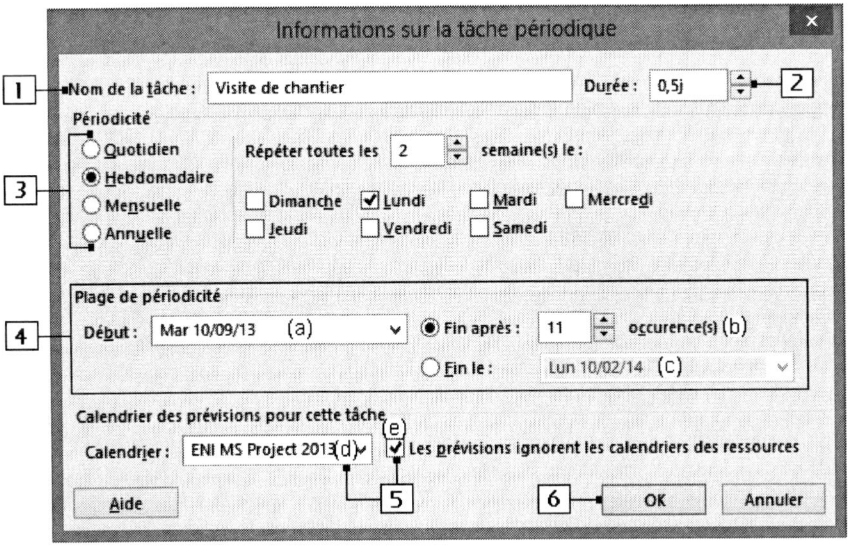

1 Saisissez le nom de la tâche.

2 Renseignez sa durée.

[3] Précisez la fréquence de la tâche.

[4] Spécifiez la date de début de la tâche périodique (a) puis choisissez à quel moment la tâche périodique doit se terminer :

(b) Met fin à la répétition après le nombre d'occurrences spécifié dans la zone de saisie.

(c) Met fin à la répétition à la date spécifiée dans la liste.

[5] Affectez le calendrier (d) adéquat puis cochez cette option (e) si vous souhaitez que les ressources affectées à cette tâche l'exécutent même si elles sont en congés à cette date.

[6] Validez.

La tâche s'affiche sous la forme d'une tâche récapitulative dans la Table Entrée. Son indicateur est le suivant : . Il y a autant de tâches élémentaires que de répétitions de la tâche ; chaque subordonnée reprend le nom de la tâche suivi d'un numéro. Ces tâches sont créées à l'instant "T". Si la durée du projet change, les tâches périodiques n'en tiennent pas compte.

▷ Pour supprimer une des occurrences de tâche périodique, cliquez sur son numéro pour la sélectionner et appuyez sur la touche Suppr de votre clavier.

▷ Pour supprimer toutes les occurrences, faites un clic droit sur la tâche récapitulative puis cliquez sur **Supprimer la tâche**. Dans la fenêtre **Assistant Planification**, gardez l'option **Continuer afin de supprimer...** active puis cliquez sur **OK**.

I- Filtrer les tâches sur un intervalle de temps

▷ Ouvrez la liste **Filtrer** (onglet **AFFICHAGE** - groupe **Données**) puis cliquez sur **Intervalle de temps**.

▷ Saisissez la première borne de l'intervalle et validez.

▷ Saisissez alors la seconde borne et validez.

J- Regrouper les tâches ou les ressources

▷ Affichez les tâches (**Utilisation des tâches** ou **Diagramme de Gantt** de l'onglet **AFFICHAGE**) ou les ressources (**Tableau des ressources** ou **Utilisation des ressources**).

▷ Onglet **AFFICHAGE** - liste **Grouper par** - option **Plus de groupes**

▷ Activez l'option **Tâche** ou **Ressource** selon le cas puis cliquez sur le bouton **Nouveau**.

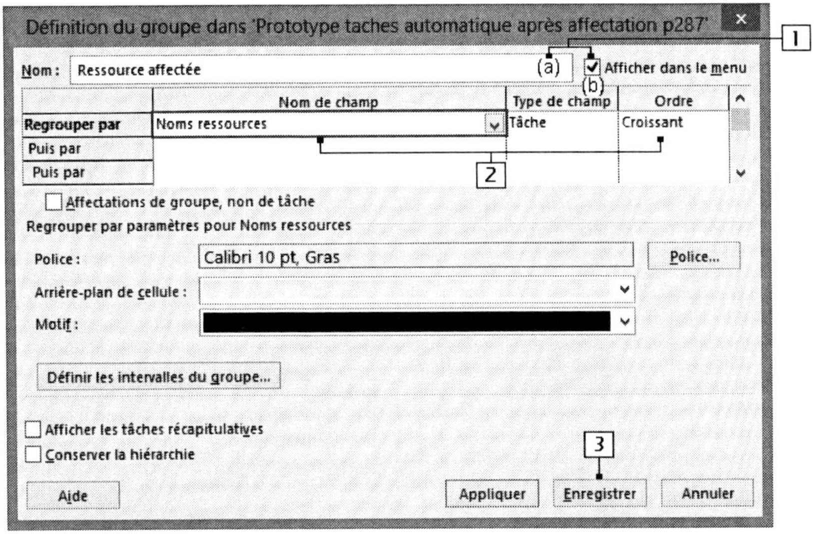

[1] Saisissez le nom (a) du groupe puis cochez l'option (b) si vous souhaitez faire apparaître ce nouveau groupe dans la liste **Grouper par**.

[2] Définissez les critères de regroupement.

[3] Cliquez sur ce bouton.

K- Utiliser le copier/coller avec d'autres applications Office

- Dans Project, ouvrez le projet dont le contenu doit être copié.
- Sélectionnez les données concernées, faites un clic droit sur la sélection puis cliquez sur l'option **Copier** du menu contextuel.
- Ouvrez, si ce n'est déjà fait, l'application Office et le fichier dans lequel les données doivent être copiées.
- Utilisez la fonctionnalité de collage de cette application (ex. Excel 2013 : onglet **ACCUEIL** - outil **Coller**).

À l'inverse, vous pouvez aussi copier des données d'une application Office dans un projet de Project.

3.3 L'optimisation du réseau

La recherche du meilleur équilibre consiste à ajuster le chemin critique du projet pour tenir les délais et optimiser les durées tout en conservant la qualité.

A- Afficher/imprimer le chemin critique

La date de fin est directement liée à la durée des tâches figurant sur ce chemin ; c'est pourquoi ces tâches sont dites critiques. L'optimisation des délais passe en priorité par l'optimisation des tâches situées sur ce chemin.

- Pour afficher le chemin critique, affichez le **Diagramme de Gantt** (onglet **AFFICHAGE** - groupe **Affichages des tâches**) puis cochez l'option **Tâches critiques** (onglet **FORMAT** - groupe **Styles des barres**).

Les tâches critiques apparaissent dans le Diagramme de Gantt sous la forme de barres rouges.

- Pour ne visualiser que les tâches critiques, appliquez un filtre en ouvrant la liste **Filtrer**  (onglet **AFFICHAGE** - groupe **Données**) puis en choisissant l'option **Tâches critiques**.
- Pour afficher de nouveau toutes les tâches, ouvrez cette même liste puis choisissez l'option **Aucun filtre**.
- Pour imprimer le chemin critique :

  À partir du Gantt ou de l'organigramme des tâches, filtrez les tâches critiques, affichez les colonnes de votre choix et lancez l'impression à l'aide de l'option **Imprimer** - onglet **FICHIER** - puis en cliquant sur le bouton **Imprimer**.

  ou

  Utilisez l'onglet **RAPPORT** - groupe **Afficher les rapports** - bouton **En cours**.

  Cliquez sur l'option **Tâches critiques**.

  Lancez l'impression par le bouton **Imprimer** de l'onglet **FICHIER**.

B- Définir le seuil de définition d'une tâche critique

Par défaut, les tâches sont critiques lorsque leur marge est égale à zéro.

- Onglet **FICHIER** - option **Options** - catégorie **Options avancées** - zone **Options de calcul pour ce projet**
- Choisissez :

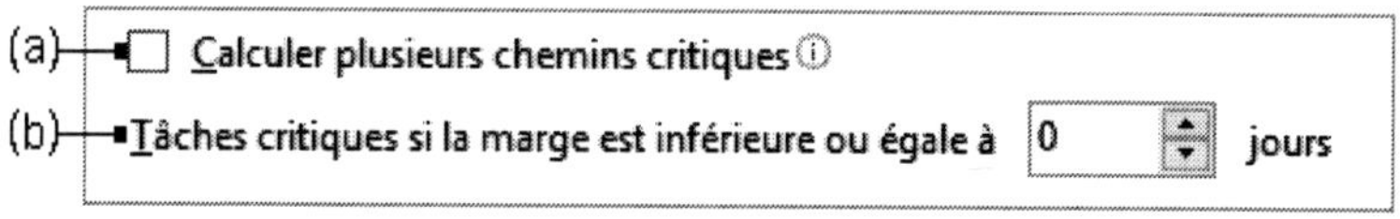

(a) pour afficher plusieurs chemins critiques (pour chaque réseau de tâches indépendant).

(b) pour préciser un seuil de définition d'une tâche critique différent de 0.

*Sachez que généralement, Project définit la date de fin au plus tard des tâches sans successeurs ni contraintes comme étant la date de fin du projet. Mais quand l'option **Calculer les chemins critiques multiples** est cochée, Project fixe la date de fin au plus tard de ces tâches à leur date de fin au plus tôt, ce qui les transforme en tâches critiques.*

C- Vérifier l'intérêt des dates de contrainte posées

Par l'application d'un filtre

- Onglet **AFFICHAGE** - groupe **Données**, ouvrez la liste **Filtrer** , cliquez sur **Autres filtres** puis double cliquez sur **Tâches avec dates figées**.

  *Project ne liste que les tâches pour lesquelles le type de contrainte est différent de **Dès Que Possible**. Mais vous ne visualisez pas ces dates.*

  Au cours des suivis d'avancement, ce filtre concerne aussi les tâches qui ont une date de début réel.

Par la table des dates de contrainte

- ▷ Onglet **AFFICHAGE** - bouton **Tables** (groupe **Données**) - option **Plus de tables**
- ▷ Réalisez un double clic sur **Dates contraintes**.

⇨ *Pour chaque tâche, cette table liste son numéro, son* ***Nom****, sa* ***Durée****, son* ***Type de contrainte*** *et sa* ***Date contrainte****. Rappelons que le type* ***Dès que possible*** *revient à "pas de contrainte".*

D-Optimiser les liaisons

Afficher la fiche "Prédécesseurs et successeurs"

- ▷ Affichez le Gantt (onglet **TÂCHE** - bouton **Diagramme de Gantt**).
- ▷ Onglet **AFFICHAGE**, cochez l'option **Détails** (groupe **Fractionner l'affichage**).
- ▷ Cliquez avec le bouton DROIT de la souris dans le formulaire puis cliquez sur **Prédécesseurs et successeurs**.

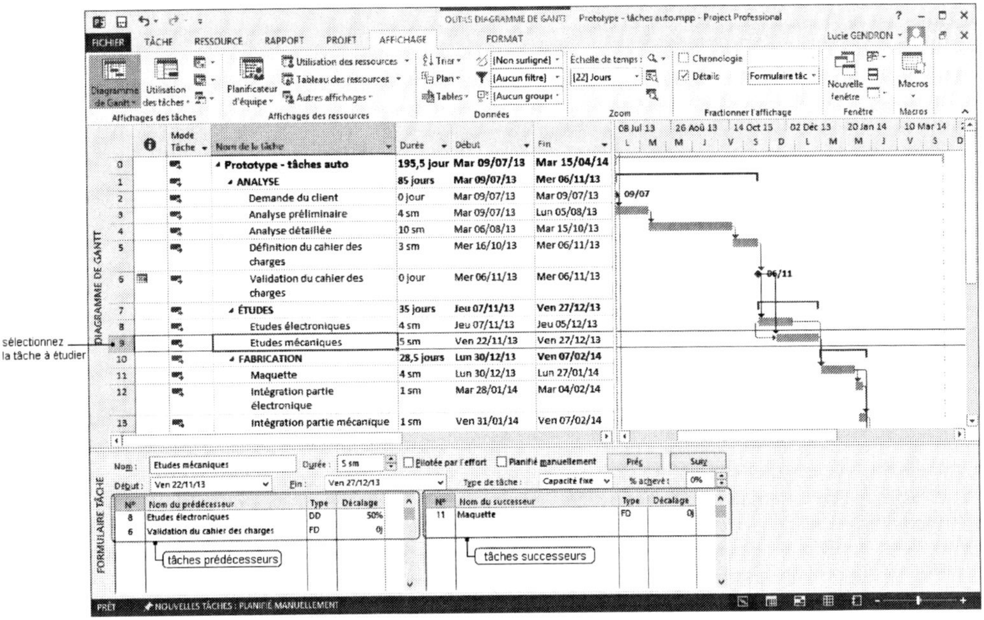

- ▷ Mettez fin à la visualisation du formulaire en décochant l'option **Détails** (onglet **AFFICHAGE** - groupe **Fractionner l'affichage**).

Afficher le schéma des dépendances

- ▷ Activez l'affichage **Diagramme de Gantt** puis cochez l'option **Détails** (onglet **AFFICHAGE** - groupe **Fractionner l'affichage**).
- ▷ Cliquez dans la fiche afin d'activer cette partie de l'écran.
- ▷ Ouvrez la liste déroulante associée à l'outil **Détails** (onglet **AFFICHAGE**) puis cliquez sur l'option **Plus d'affichages**.

- Réalisez un double clic sur l'option **Schéma des dépendances**.
- Mettez fin à cet affichage en décochant l'option **Détails**.

Surligner les liaisons entre les tâches

- Activez l'affichage **Diagramme de Gantt** puis, dans l'onglet **FORMAT**, cliquez sur le bouton **Chemin de la tâche** du groupe **Styles des barres**.
- Cliquez sur l'option correspondant au surlignage souhaité :

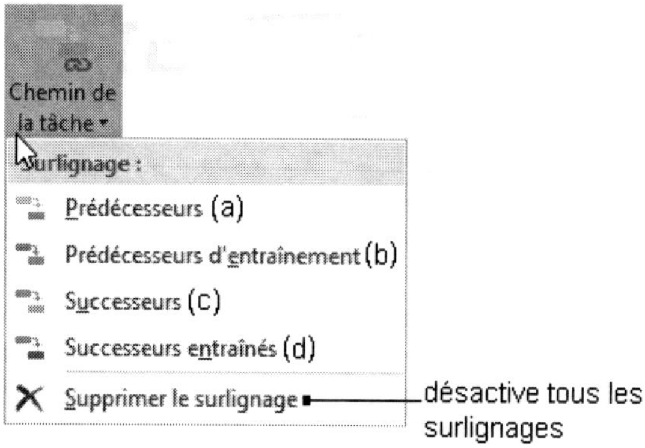

(a) Pour surligner les tâches qui précèdent et sont liées à la tâche sélectionnée.
(b) Pour surligner les tâches qui précèdent et affectent directement la tâche sélectionnée.
(c) Pour surligner les tâches qui suivent et sont liées à la tâche sélectionnée.
(d) Pour surligner les tâches qui suivent et affectent directement la tâche sélectionnée.

- Si besoin, choisissez un autre surlignage ; les quatre surlignages peuvent être actifs en même temps.

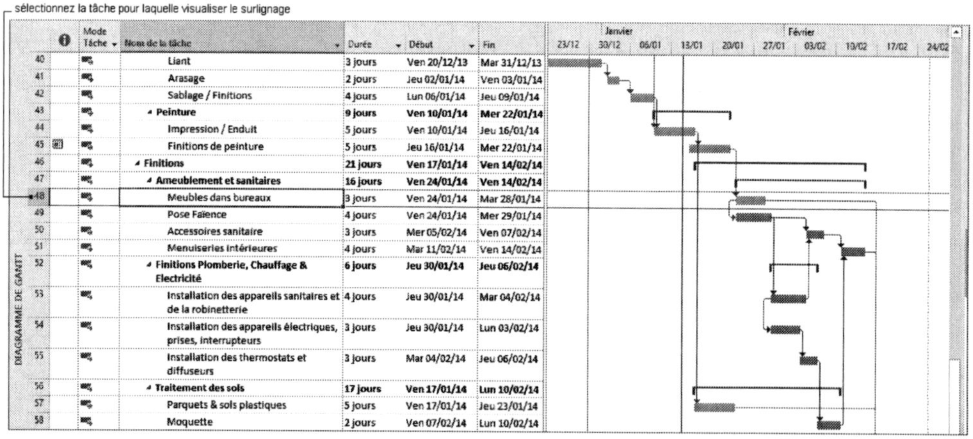

- Pour désactiver un surlignage, cliquez sur l'option correspondante dans la liste **Chemin de la tâche** (onglet **FORMAT** - groupe **Styles des barres**).

Créer une table relative aux liaisons

▷ Onglet **AFFICHAGE** - groupe **Données** - bouton **Tables** - option **Plus de tables**

▷ Cliquez sur le bouton **Créer**.

▷ Suivez la procédure habituelle de création de table (cf. 6.1 - B - Créer/supprimer une table) en insérant au minimum les champs **N°**, **Nom**, **Prédécesseurs** et **Successeurs**.

⇨ *La table créée remplace la table Entrée. Elle n'existe que dans le projet en cours.*

⇨ *Quelques idées d'optimisation :*

- *Recherchez l'exécution simultanée des tâches. Dans la pratique, il est fréquent que des relations de type Fin à début soient transformables en Début à début avec retard, ou encore conservées en Fin à début mais avec avance.*
- *Étudiez si les longues tâches ne peuvent pas être divisées en sous-tâches possédant leurs propres liaisons.*

E- Vérifier les marges existantes

Par la table Prévisions

▷ Onglet **AFFICHAGE** - groupe **Données** - bouton **Tables** - option **Prévisions**

*Les dernières colonnes sont les colonnes **Marge libre** et **Marge totale**.*

La MARGE LIBRE est la durée pendant laquelle on peut décaler une tâche sans décaler d'AUTRES TÂCHES ; alors que la MARGE TOTALE est l'intervalle de temps pendant lequel on peut décaler une tâche sans décaler la DATE DE FIN DU PROJET.

Par le Gantt relatif aux marges

▷ Onglet **AFFICHAGE** - liste du bouton **Diagramme de Gantt** - option **Plus d'affichages**

▷ Réalisez un double clic sur **Gantt relatif aux marges**.

*Les barres des tâches critiques s'affichent en rouge. Les tâches non critiques sont en bleu, leur marge est matérialisée par un trait vert et, la durée de leur marge libre est affichée. La table proposée est la table **Retard**.*

▷ Si vous ne visualisez pas le planning du Gantt, cliquez sur le bouton **Projet entier**  (onglet **AFFICHAGE** - groupe **Zoom**).

4.1 Le diagramme de Gantt

A- Afficher le diagramme de Gantt

▷ Onglet **TÂCHE** - liste du bouton **Diagramme de Gantt** (groupe **Vue**) - option **Diagramme de Gantt**
La partie gauche affiche une table (par défaut, la table Entrée) et la partie droite le Planning.

⇨ *Pour afficher uniquement la partie Table : onglet **TÂCHE** - liste du bouton **Diagramme de Gantt** - option **Plus d'affichages** puis faites un double clic sur **Tableau des tâches**.*

B- Se déplacer sur le diagramme de Gantt

À l'aide du clavier

▷ Pour vous déplacer sur la partie **Table**, utilisez les touches suivantes :

[Ctrl] [↖]/[Ctrl] [Fin]	Première/dernière colonne de la première/dernière tâche.
[↖]/[Fin]	Première/dernière colonne de la ligne en cours.
[Ctrl] [⇞]/[Ctrl] [⇟]	Page écran de gauche/de droite.
[⇟]/[⇞]	Page écran du bas/du haut.

À l'aide de la souris

▷ Dans la partie **Planning**, recherchez la période de temps de votre choix en faisant glisser l'ascenseur de la barre de défilement horizontal.

▷ Pour afficher la barre d'une tâche précise, sélectionnez la tâche dans la table **Entrée** et cliquez sur le bouton **Atteindre la tâche** (onglet **TÂCHE** - groupe **Modification**) ou faites [Ctrl] [⇧] [F5].

À l'aide du menu

▷ [Ctrl] **B** ou [F5]

▷ Tapez alors le **N°** de la tâche et validez par **OK**.

⇨ *Cette technique génère un double déplacement : dans la **Table** et dans le **Planning**.*

C- Zoomer le Gantt

▷ Onglet **AFFICHAGE** - groupe **Zoom** - bouton **Zoom**

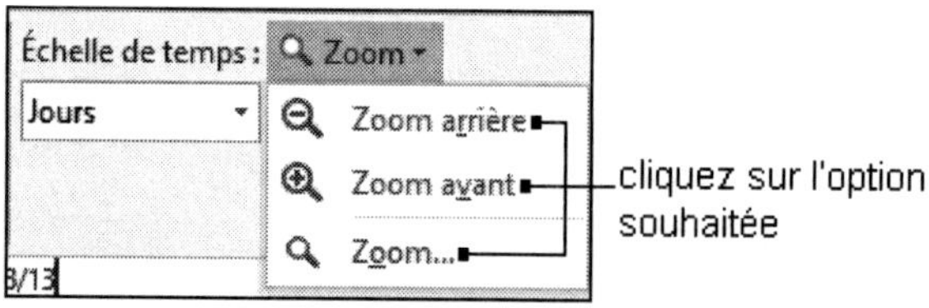

Si vous avez choisi l'option **Zoom**, sélectionnez la durée ou l'élément à visionner puis cliquez sur **OK**.

⇨ *Vous pouvez aussi utiliser la barre de zoom située à droite de la barre d'état* 

▷ Pour visualiser l'intégralité du projet, cliquez sur le bouton **Projet entier** du groupe **Zoom**.

▹ Pour zoomer sur des tâches, sélectionnez-les puis cliquez sur le bouton **Tâches sélectionnées** du groupe **Zoom**.

D- Imprimer le Diagramme de Gantt

▹ Onglet **FICHIER** - option **Imprimer**

Un aperçu de l'impression s'affiche à droite de la fenêtre et le nombre de pages est visible sous cet aperçu.

▹ Pour imprimer toutes les colonnes de la table, ouvrez la première liste de la zone **Paramètres** puis cliquez sur l'option **Toutes les colonnes du tableau**.

▹ Vérifiez et/ou modifiez les paramètres d'impression (cf. 2.2 - G - Imprimer le calendrier de projet) puis cliquez sur le bouton **Imprimer**.

▹ Cliquez sur le bouton  pour revenir à la fenêtre du projet.

E- Modifier l'échelle de temps du planning du Gantt

▹ Onglet **AFFICHAGE** - liste **Échelle de temps** (groupe **Zoom**) - option **Échelle de temps**

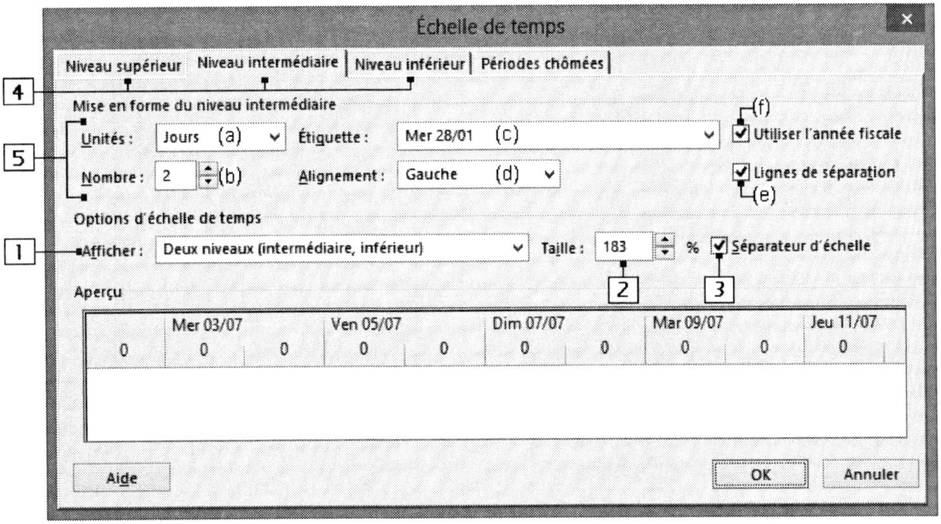

[1] Sélectionnez l'option correspondant au nombre de niveaux souhaité.

[2] Modifiez éventuellement la taille des colonnes du niveau de l'échelle de temps.

[3] Cochez cette option pour afficher une ligne horizontale entre les niveaux de l'échelle de temps.

[4] Selon le niveau à modifier, activez l'onglet souhaité.

[5] Réalisez vos modifications pour le découpage approprié à l'aide des options suivantes :

(a) Représente l'unité de temps à utiliser. L'échelle secondaire de temps doit toujours être inférieure ou égale à l'échelle principale.

(b) Indique la fréquence d'affichage de l'unité choisie.
(c) Précise comment afficher l'unité choisie.
(d) Indique si l'unité doit être centrée ou alignée à droite ou à gauche.
(e) Permet de séparer ou non les éléments de l'échelle de temps par des traits verticaux.
(f) Cochez, si nécessaire, cette option pour baser les étiquettes du niveau de l'échelle de temps sur vos paramètres d'année fiscale. Décochez-la pour les baser sur l'année civile.

*Le premier mois de l'année fiscale est renseigné dans la boîte de dialogue **Options de Projet** (onglet **FICHIER** - option **Options** - catégorie **Échéancier**).*

▷ Cliquez sur l'onglet **Périodes chômées** et choisissez les paramètres d'affichage à l'aide des options suivantes :

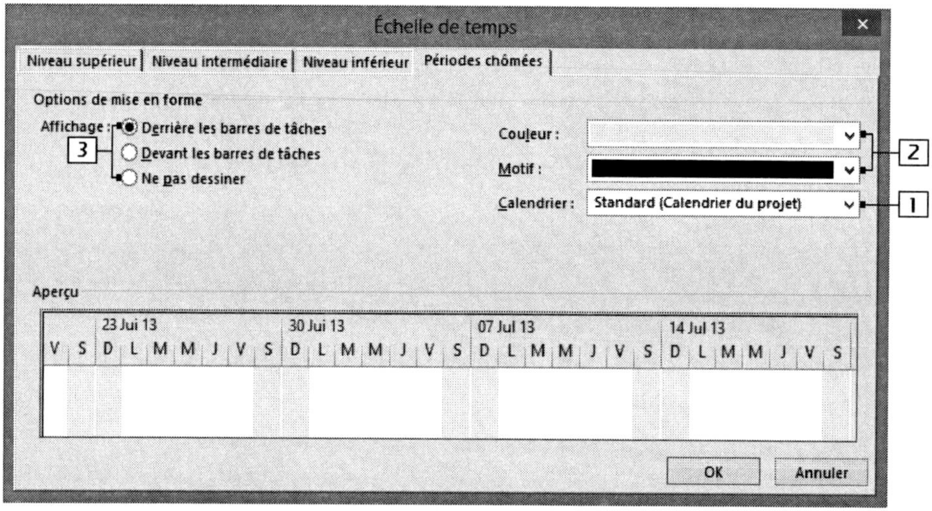

[1] Indiquez le calendrier à utiliser pour détecter les périodes chômées.

[2] Choisissez la couleur et le motif d'apparition des périodes chômées.

[3] Choisissez de ne pas dessiner ces périodes, de les mettre derrière ou devant les barres de tâches.

▷ Cliquez sur **OK**.

⇨ *Intervenir sur les **Unités** et le **Nombre** des découpages altère les valeurs de zoom et inversement.*

⇨ *Pour ouvrir la boîte de dialogue **Échelle de temps**, vous pouvez aussi faire un clic droit sur l'un des niveaux de l'échelle de temps dans l'affichage actif (Planning du Gantt) puis cliquer sur l'option **Échelle de temps**.*

F- Mettre en valeur la date du jour dans le planning du Gantt

- Cliquez n'importe où dans le Diagramme de Gantt puis, si besoin, cliquez sur l'onglet **FORMAT**.
- Cliquez sur le bouton **Quadrillage** du groupe **Format** puis cliquez sur **Quadrillage**.

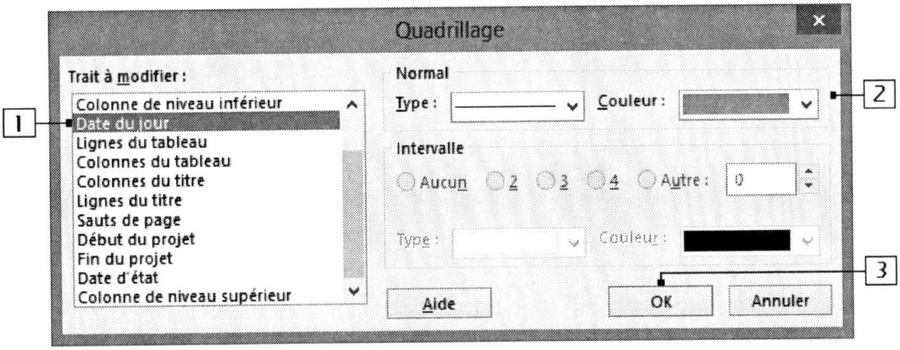

[1] Sélectionnez cette option.

[2] Définissez la présentation de la date.

[3] Validez.

⇨ *Cette boîte de dialogue permet aussi la modification de trait d'autres éléments grâce aux options du cadre **Normal** et **Intervalle**.*

G- Modifier les caractères du planning du Gantt

- Cliquez n'importe où dans le Diagramme de Gantt puis, si besoin, activez l'onglet **FORMAT**.
- Cliquez sur le bouton **Styles du texte** du groupe **Format**.

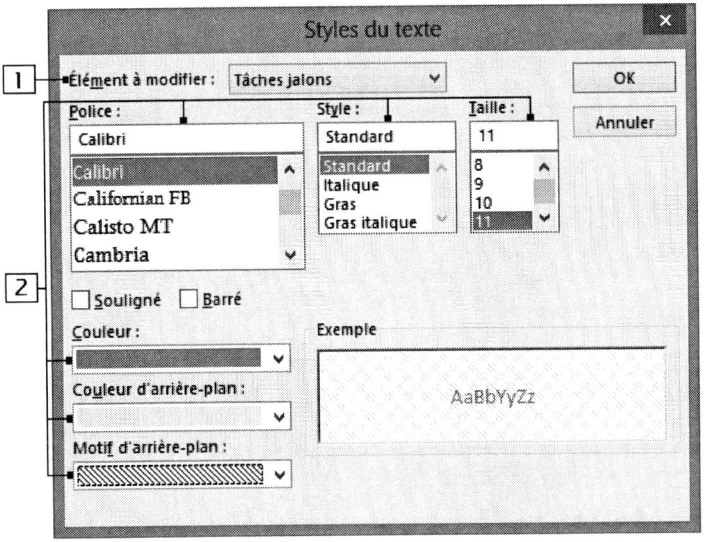

AFFICHAGES

1 Choisissez l'élément à modifier.

2 Modifiez l'apparence de l'élément sélectionné.

- ▷ Réalisez ces manipulations autant de fois qu'il y a d'éléments à mettre en forme.
- ▷ Cliquez sur le bouton **OK**.

H- Modifier l'aspect des barres dans le planning du Gantt

- ▷ Si seules quelques barres sont concernées, sélectionnez les lignes des tâches correspondantes ; si un groupe de barres est concerné, cliquez n'importe où dans le diagramme.
- ▷ Onglet **FORMAT** - groupe **Styles de barres** - bouton **Format**
- ▷ Pour travailler sur la ou les barres de tâche préalablement sélectionnées, choisissez **Barre**. Pour modifier un groupe de barres, choisissez **Barres et Styles**.
- ▷ Dans le cas d'un groupe de barres, cliquez sur le **Nom** du groupe concerné par la modification.

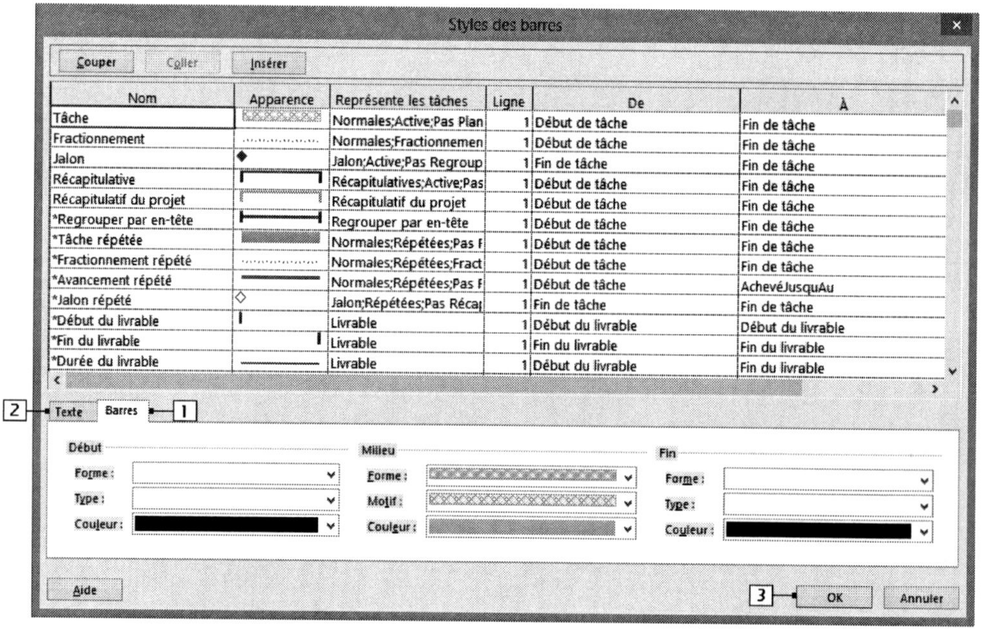

1 Pour modifier l'aspect des barres, cliquez sur cet onglet (si vous avez choisi l'option **Barre**, cet onglet se nomme **Forme de barre**) puis modifiez la **Forme**, le **Type** et la **Couleur** de la forme à l'aide des listes correspondantes.

2 Pour ajouter du texte au type de barre sélectionnée, cliquez sur cet onglet (si vous avez choisi l'option **Barre**, cet onglet se nomme **Texte de barre**). Cliquez sur la cellule associée au champ emplacement du texte (**Gauche**, **Droite**, **Haut**, **Bas** ou **Intérieur**) puis cliquez sur la flèche située à son extrémité droite afin de choisir l'information à afficher parmi celles proposées dans la liste.

3 Validez lorsque toutes les modifications souhaitées ont été apportées.

⇨ *Pour appliquer un style prédéfini au diagramme de Gantt, dans l'onglet **FORMAT**, cliquez sur le bouton* [▾] *du groupe **Style de diagramme de Gantt** puis cliquez sur le style à appliquer.*

I- Modifier certains éléments du planning du Gantt

▷ Cliquez n'importe où dans le Diagramme de Gantt puis, si besoin, activez l'onglet **FORMAT**.

▷ Cliquez sur l'option **Disposition** du groupe **Format**.

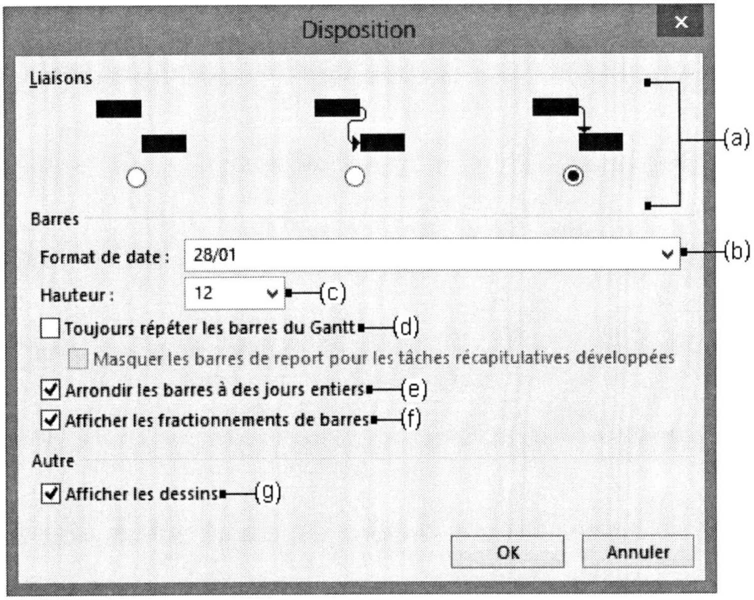

▷ Modifiez les éléments de votre choix :

(a) ce cadre vous permet de choisir la présentation des lignes représentant les liaisons entre les tâches.
(b) permet de définir le format de date désiré pour les barres.
(c) permet d'indiquer la hauteur des barres en nombre de points.
(d) lorsque cette option est cochée, les détails des barres de Gantt sont reportés sur la tâche récapitulative pour les tâches du projet.
(e) lorsque cette option est cochée, la représentation des durées sur les barres est arrondie à une unité entière si la durée de la tâche est inférieure à l'unité de l'échelle de temps. La durée réelle de la tâche n'est pas modifiée, seulement sa représentation.
(f) lorsque cette option est cochée, les barres des tâches fractionnées sont affichées.
(g) lorsque cette option est cochée, les dessins que vous avez créés ou insérés sont affichés.

▷ Cliquez sur le bouton **OK**.

4.2 Le réseau de tâches

A- Exploiter le réseau de tâches

▷ Dans l'onglet **AFFICHAGE**, cliquez sur l'outil **Réseau de tâches** du groupe **Affichages des tâches**.

▷ Le réseau de tâches représente chaque tâche par une case (ou nœud) qui liste son nom, son numéro, sa durée, sa date de début, sa date de fin, ainsi que les ressources qui sont affectées à la tâche qu'elle représente. Les cases des tâches ont la forme d'un rectangle alors que celles des jalons sont hexagonales.

Le chemin critique du projet est matérialisé par des cases encadrées en rouge.

▷ Le réseau de tâches permet de bien visualiser les liens ; on parle aussi d'**ordonnancement** entre les tâches. Il permet ainsi de vérifier qu'aucun lien n'a été oublié ; logiquement chaque tâche (hormis la première et la dernière) doit avoir au moins un prédécesseur et un successeur.

Si la tâche est en cours de réalisation, la case correspondante contient une ligne diagonale et deux lignes diagonales croisées pour les tâches achevées si l'option **Marques d'avancement** de l'onglet **FORMAT** du groupe **Afficher/Masquer** est cochée.

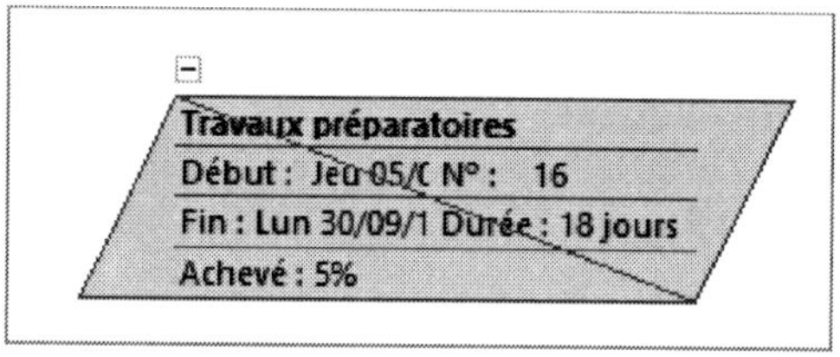

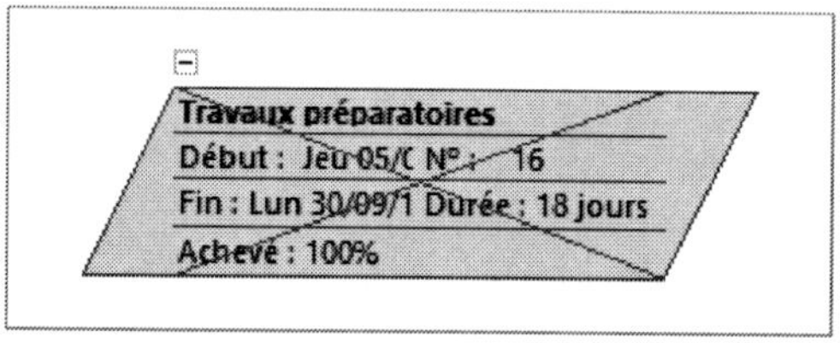

▷ Utilisez les touches suivantes du clavier pour vous déplacer :

Ctrl ↖/Ctrl Fin	affiche les premières/dernières tâches.
↓/↑/→/←	sélectionne une autre case.

▷ Pour définir un lien de type fin à début, cliquez dans la case tâche prédécesseur. Lorsque le pointeur de la souris devient une croix blanche, effectuez un cliqué-glissé vers la case tâche successeur.

▹ Project met à votre disposition différents outils spécifiques à l'affichage Réseau de tâches dans l'onglet **FORMAT** (onglet contextuel **OUTILS RÉSEAU DE TÂCHES**) :

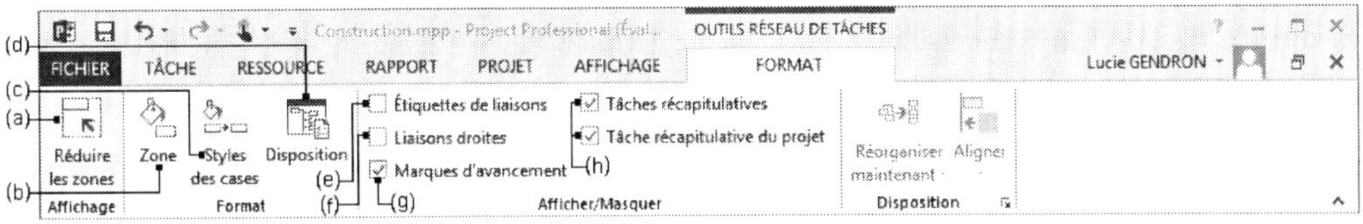

(a) Pour afficher uniquement le numéro des tâches.

(b) Pour afficher la boîte de dialogue **Format de la case** et personnaliser l'aspect (forme, couleur, bordure...) de la zone de tâche.

(c) Pour afficher la boîte de dialogue de même nom et personnaliser l'aspect (forme, couleur, bordure...) des différents types de tâches du réseau.

(d) Pour personnaliser l'affichage des cases (liaisons, organisation...). Dans cette boîte de dialogue, l'option **Positionnement manuel des cases** permet d'activer les boutons du groupe **Disposition** situés dans l'onglet **OUTILS RÉSEAU DE TÂCHES - FORMAT**.

Cochez les options :

(e) Pour indiquer le type de liaison existante entre les deux tâches.

(f) Pour afficher les liens de dépendance sous la forme de ligne droite entre les zones.

(g) Pour afficher des repères permettant de signaler les tâches en cours et les tâches terminées.

(h) Pour afficher ces deux types de tâches dans le réseau de tâches.

Les options **Réorganiser maintenant** et **Aligner**, accessibles si l'option **Positionnement manuel des cases** de la boîte de dialogue **Disposition** est activée, permettent de modifier la manière dont les tâches sont organisées dans l'affichage et/ou d'aligner les bords des zones sélectionnées.

▹ Pour modifier le type de dépendance entre deux tâches, faites directement un double clic sur le trait (ou flèche) symbolisant la dépendance à modifier, puis à l'aide de la liste déroulante correspondante, choisissez le **Type** de dépendance souhaité.

⇨ *Pour zoomer, vous pouvez utiliser le bouton **Zoom** de l'onglet **AFFICHAGE** (groupe **Zoom**) ou la barre de zoom* 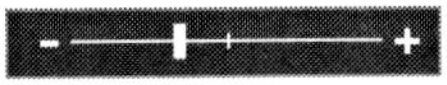 *située à droite dans la barre d'état.*

⇨ *Les pointillés matérialisent les sauts de page.*

B- Déplacer des cases

▹ Onglet **OUTILS RÉSEAU DE TÂCHES - FORMAT** - bouton **Disposition**

▹ Activez l'option **Positionnement manuel des cases** du cadre **Mode de disposition** puis cliquez sur le bouton **OK**.

▹ Déplacez le pointeur de la souris sur un bord de la case à déplacer.

▹ Vérifiez impérativement que le pointeur prend la forme d'une flèche noire à quatre têtes puis réalisez un cliqué-glissé.

C- Personnaliser le réseau de tâches

▷ Onglet **OUTILS RÉSEAU DE TÂCHES - Format** - bouton **Disposition**

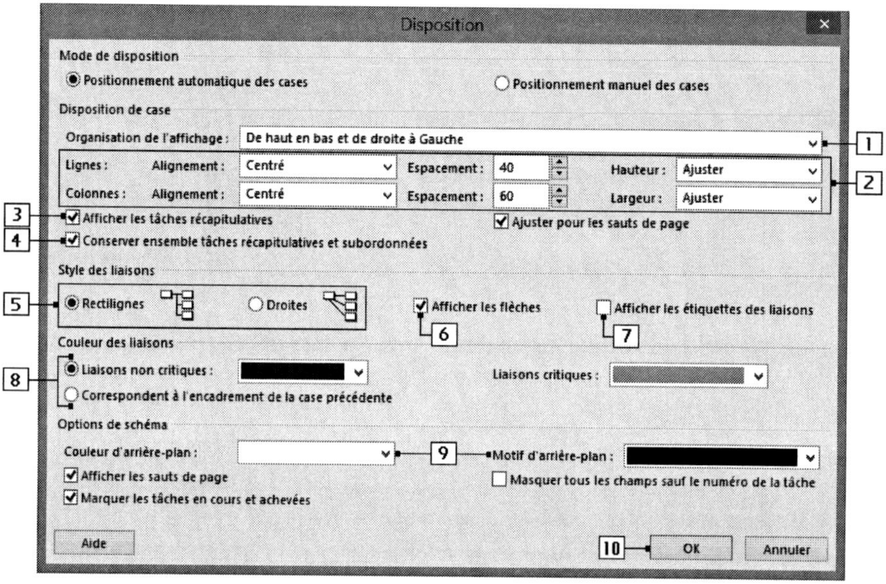

1 Choisissez la manière selon laquelle vous souhaitez que les cases soient organisées.

2 Choisissez l'**Alignement**, l'**Espacement**, la **Hauteur/Largeur** des cases à l'aide des champs associés aux options **Lignes** et/ou **Colonnes**. Pour utiliser un espace identique entre les cases, choisissez l'option **Fixe** dans les champs **Hauteur** et/ou **Largeur**.

3 Cochez cette option pour afficher les tâches récapitulatives.

4 Cochez, si nécessaire, cette option pour que Project privilégie l'association tâches récapitulatives-tâches subordonnées, par rapport à l'association prédécesseurs-successeurs dans la disposition du réseau de tâches.

5 Choisissez le type de trait symbolisant les liaisons.

6 Choisissez ou non d'afficher les flèches aux liaisons.

7 Ajoutez, si vous le souhaitez, les étiquettes aux traits symbolisant les liaisons (FD pour Fin à Début, FF pour Fin à Fin, etc.) en cochant cette option.

8 Modifiez éventuellement la couleur des liaisons.

9 Si besoin, modifiez la couleur de fond du réseau de tâches.

10 Validez.

▷ Pour aligner les boîtes horizontalement dans l'ordre chronologique, dans l'onglet **FORMAT**, cliquez sur la partie supérieure du bouton **Réorganiser maintenant** (en mode **Positionnement manuel des cases** seulement).

▷ Pour intervenir sur l'aspect des cases, utilisez l'onglet **FORMAT** - bouton **Styles des cases**, déterminez la présentation attendue puis cliquez sur **OK**.

D-Imprimer le réseau de tâches

▷ Onglet **FICHIER** - option **Imprimer**

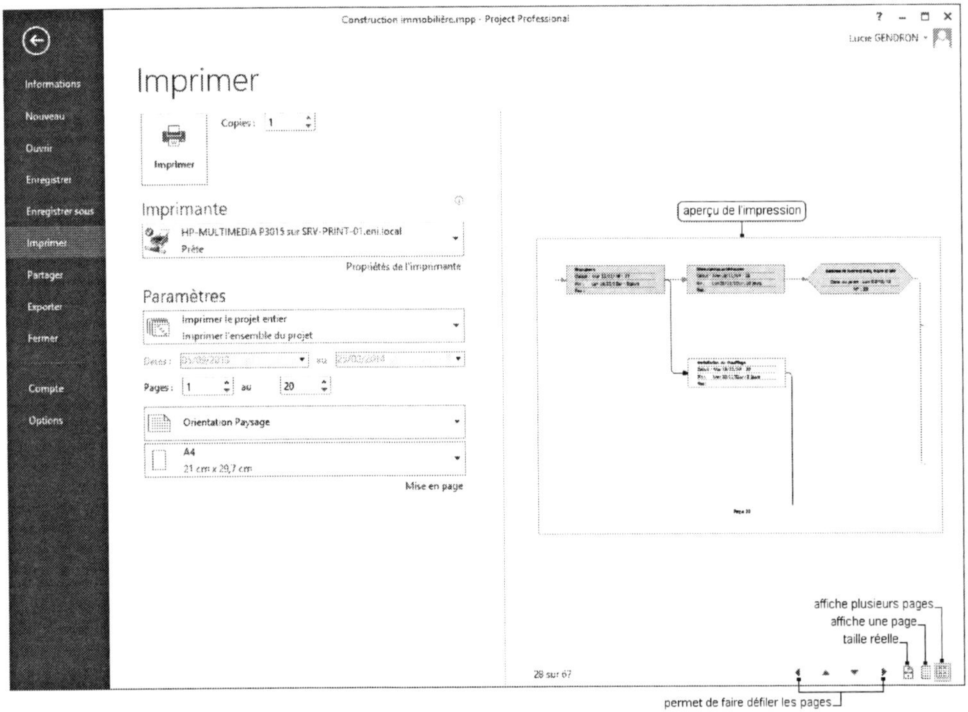

▷ Modifiez éventuellement les paramètres d'impression (cf. 2.2 - G - Imprimer le calendrier de projet).

▷ Lancez l'impression par le bouton **Imprimer**.

▷ Cliquez sur le bouton  pour revenir à la fenêtre du projet.

4.3 Le mode Calendrier

A- Afficher le projet sous forme de calendrier

▷ Onglet **AFFICHAGE** - groupe **Affichages des tâches** - outils **Calendrier** 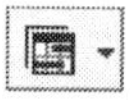.

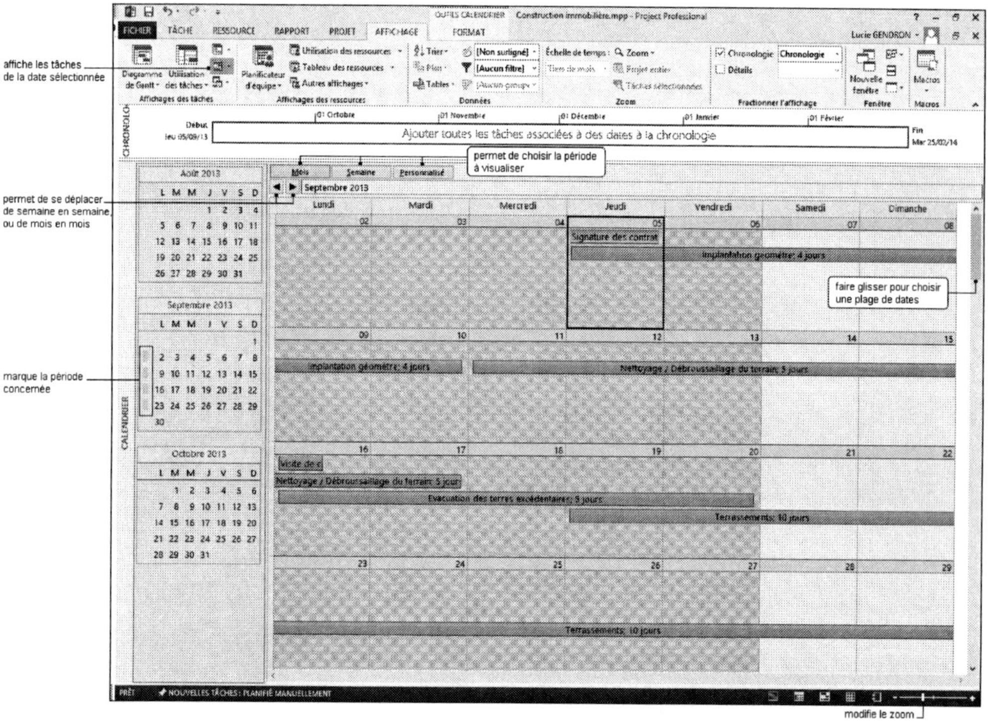

Le calendrier renseigne sur le nom du mois visualisé, et les semaines sont présentées en ligne. Les jours chômés sont en gris clair et les jours à horaires particuliers en gris plus soutenu.

Pour chaque tâche, une barre de tâche couvre les jours ou les semaines durant lesquels la tâche est prévue.

Les jalons sont signalés par un fond noir et un nom de tâche écrit en blanc.

▷ Pour afficher les informations sur une tâche, faites un double clic sur sa barre pour afficher la boîte de dialogue **Informations sur la tâche**.

▷ Pour modifier l'échelle de temps du calendrier et/ou sa présentation, faites un clic droit sur l'en-tête du calendrier affiché puis cliquez sur l'option **Échelle de temps**. Effectuez les réglages nécessaires à l'aide des options proposées réparties dans les trois onglets **Intitulés de la semaine**, **Disposition**, **Palette** de la boîte de dialogue **Échelle de temps**.

B- Imprimer le calendrier

▷ Activez l'onglet **FICHIER** puis cliquez sur l'option **Imprimer**.

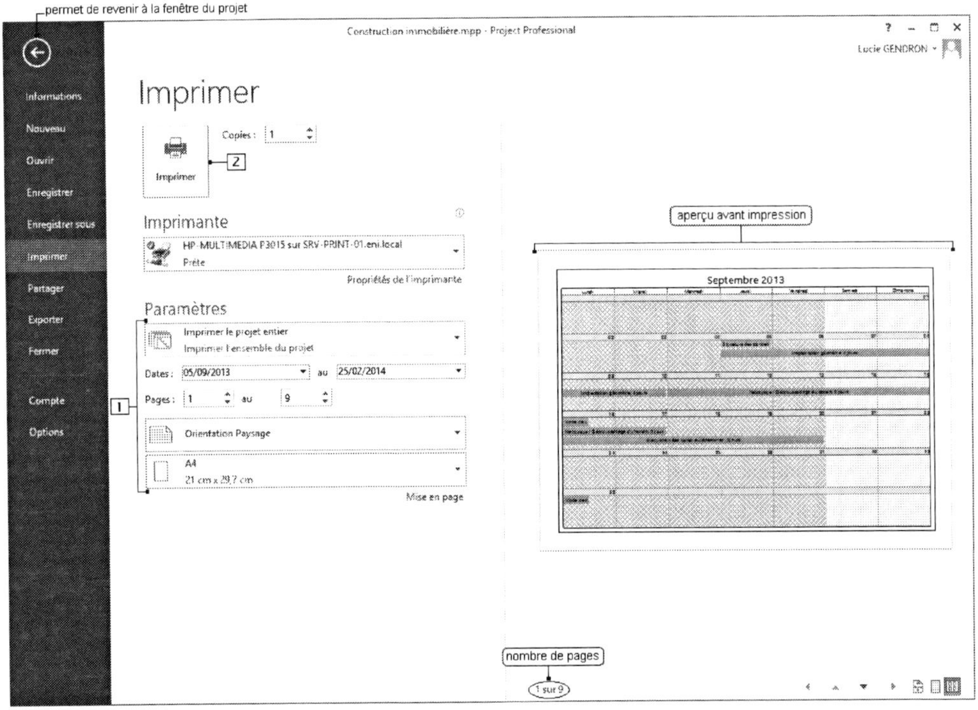

[1] Modifiez éventuellement les paramètres d'impression (cf. 2.2 - G - Imprimer le calendrier de projet).

[2] Lancez l'impression.

AFFICHAGES

4.4 La barre Chronologie

A- Afficher/masquer la barre Chronologie

▷ Activez l'onglet **AFFICHAGE** puis cochez/décochez l'option **Chronologie** du groupe **Fractionner l'affichage** (ou clic droit sur le Diagramme de Gantt - option **Afficher la chronologie**).

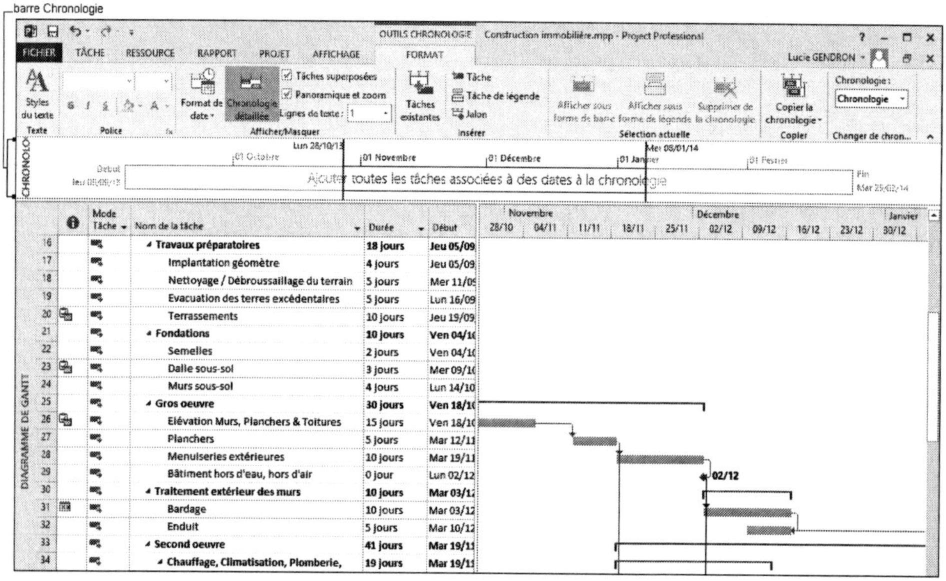

*La barre **Chronologie** représente la ligne de temps du projet. Si l'option **Panoramique et zoom** (clic droit dans la barre Chronologie - onglet **OUTILS CHRONOLOGIE - FORMAT** - groupe **Afficher/Masquer**) est cochée, la partie affichée de votre projet dans le Diagramme de Gantt apparaît encadrée dans la barre Chronologie.*

B- Ajouter des tâches à la Chronologie

▷ Affichez la barre Chronologie.

▷ Pour ajouter dans la barre Chronologie des tâches existantes dans le Diagramme de Gantt, utilisez une des méthodes suivantes :

- Faites un clic droit sur la tâche concernée puis cliquez sur l'option **Ajouter à la chronologie**.
- Faites glisser la tâche du Diagramme de Gantt vers la barre Chronologie à l'aide d'un cliqué-glissé.
- Cliquez dans la barre Chronologie pour l'activer puis, dans l'onglet **FORMAT**, cliquez sur le bouton **Tâches existantes** du groupe **Insérer**. Cochez la ou les tâches à intégrer puis validez par **OK**.

Les tâches apparaissent désormais dans la barre Chronologie aux dates correspondantes.

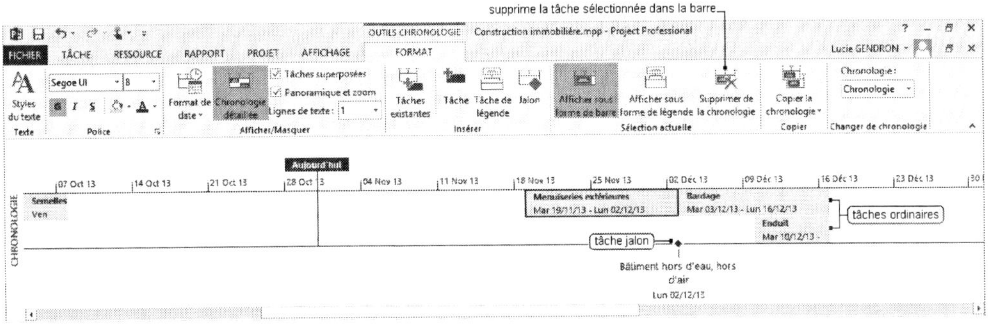

▷ Pour ajouter de nouvelles tâches simultanément dans la barre Chronologie et le Diagramme de Gantt, cliquez dans la barre Chronologie puis, dans l'onglet **FORMAT**, cliquez sur le bouton **Tâche**, **Tâche de légende** ou **Jalon** (groupe **Insérer**) selon le type de tâche souhaité.

C- Gérer l'affichage dans la barre Chronologie

▷ Affichez la barre Chronologie puis cliquez dedans pour l'activer.

▷ Pour visualiser dans le Diagramme de Gantt une autre période, pointez la barre Chronologie entre les deux traits verticaux pour faire apparaître la zone encadrée, pointez la bordure du haut puis effectuez un cliqué-glissé.

▷ Pour agrandir ou diminuer la période présentée dans le Diagramme de Gantt, pointez le bord gauche ou droit (selon le cas) de la zone encadrée de la barre Chronologie, puis effectuez un cliqué-glissé lorsque le curseur prend la forme d'une flèche à deux têtes.

▷ Pour paramétrer l'affichage de la barre Chronologie, dans l'onglet **FORMAT**, utilisez les boutons du groupe **Afficher/Masquer** :

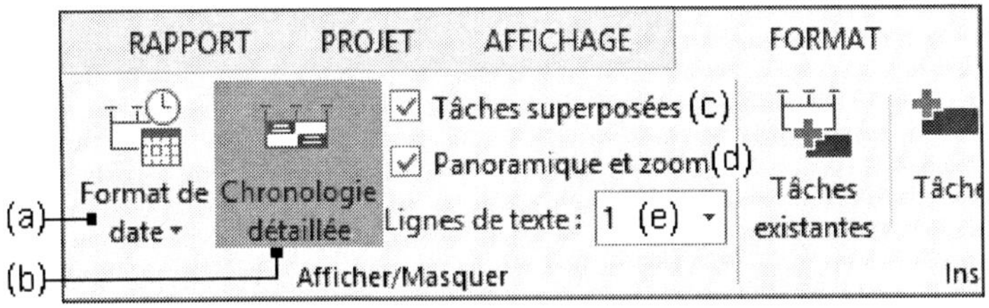

(a) Pour modifier le format des dates, ou pour les masquer totalement.
(b) Pour afficher des détails tels que le nom des tâches ou les dates.
(c) Pour afficher les tâches qui se chevauchent sur plusieurs lignes (pour les afficher sur une seule ligne, décochez cette option).
(d) Pour encadrer ou non dans la barre Chronologie la période présentée dans l'espace de travail.
(e) Pour modifier le nombre de lignes à utiliser pour afficher le nom de la tâche.

▷ Pour modifier le mode d'affichage d'une tâche normale, sélectionnez-la dans la barre Chronologie ; si plusieurs tâches sont concernées, sélectionnez-les à l'aide de la touche Ctrl. Dans l'onglet **FORMAT**, cliquez sur le bouton **Afficher sous forme de légende** pour afficher les tâches au-dessus de la règle de la Chronologie ou sur le bouton **Afficher sous forme de barre** pour les afficher au centre de la règle.

Si la tâche est affichée sous forme de légende, vous pouvez la faire glisser au-dessus ou sous la règle, ou bien à gauche ou à droite de la Chronologie, vous noterez qu'elle reste liée à sa date de démarrage.

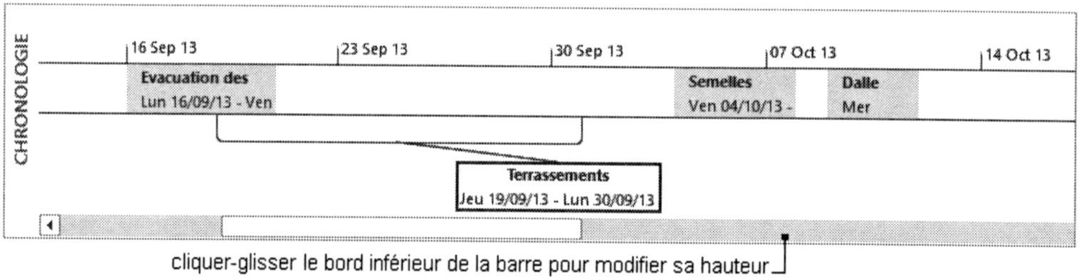

▷ Pour afficher en plein écran la barre Chronologie : onglet **AFFICHAGE** - liste du bouton **Diagramme de Gantt** - option **Plus d'affichages**, puis faites un double clic sur l'option **Chronologie**.

⇨ *Pour copier la barre Chronologie dans une autre application, faites un clic droit sur cette barre, pointez l'option* ***Copier la chronologie*** *puis choisissez* ***Pour le courrier électronique***, ***Pour la présentation*** *ou* ***Taille complète***. *Ouvrez ensuite l'application correspondante (logiciel de messagerie, PowerPoint...) puis "collez" la barre Chronologie à l'aide de la commande* ***Coller***.

⇨ *Vous pouvez aussi cliquer dans la barre Chronologie pour activer l'onglet* ***OUTILS CHRONOLOGIE - FORMAT***, *puis cliquez sur le bouton* ***Copier la chronologie***.

4.5 Les affichages personnalisés

A- Modifier le format d'affichage des dates

▷ Onglet **FICHIER - Options**

▷ Activez la catégorie **Affichage** puis choisissez le **Type de calendrier**.

▷ Activez la catégorie **Général** puis choisissez le **Format de date** souhaité.

▷ Cliquez sur **OK**.

Microsoft Project appliquera le format de date sélectionné pour tous les projets et pas uniquement pour le projet actif.

B- Créer un nouvel affichage simple

▷ Onglet **AFFICHAGE** - liste du bouton **Diagramme de Gantt** - option **Plus d'affichages** - bouton **Créer** - option **Affichage simple** - bouton **OK**

▷ Donnez un **Nom** au nouvel affichage.

▷ Indiquez la nature de l'écran à l'aide des options de la liste **Écran**.

▷ Si cela est possible, précisez la **Table** à associer à l'affichage.

▷ Précisez le **Groupe** concerné par l'affichage.

▷ Précisez le **Filtre** à appliquer.

▷ Cochez l'option **Mettre le filtre en surbrillance** pour mettre en évidence les tâches ou les ressources répondant aux critères de filtre.

- Cochez l'option **Afficher dans le menu** si ce nouvel affichage doit apparaître dans la liste des affichages.
- Validez par le bouton **OK**.
- Choisissez d'**Appliquer** ou de **Fermer**.

C- Créer un nouvel affichage combiné

- Onglet **AFFICHAGE** - liste du bouton **Diagramme de Gantt** - option **Plus d'affichages** - bouton **Créer** - option **Affichage combiné** - bouton **OK**

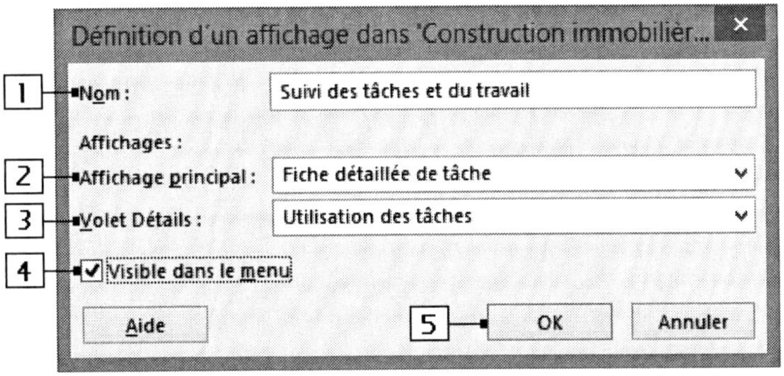

[1] Attribuez un nom.

[2] Précisez ce qui devra s'afficher dans la partie supérieure de l'écran.

[3] Faites la même chose pour la partie inférieure de l'écran.

[4] Précisez si l'affichage doit être **Visible dans le menu**.

[5] Validez.

- Choisissez d'**Appliquer** ou de **Fermer**.

5.1 La définition des ressources

A- Découvrir les ressources

Les ressources **Travail** correspondent aux personnes et aux équipements qui consacrent du temps aux tâches qu'elles exécutent. Alors que les ressources **Consommables** correspondent à un stock consommable utilisé pour exécuter une tâche. Et les ressources **Coût** correspondent aux charges purement financières susceptibles d'être affectées à une tâche.

Les ressources **Travail** et **Consommable** ont une disponibilité limitée ; elles peuvent parfois être partagées entre différents projets ; elles ont leur propre capacité de production ; elles ont un coût...

Les ressources **Consommables** n'utilisent pas de calendrier des ressources, n'ont pas de taux de coût pour les heures supplémentaires ni d'unités d'affectation, et ne peuvent pas faire l'objet d'un audit.

Les ressources **Coût** ne sont pas liées au profil du travail. Par conséquent, la modification de la date de fin ou du pourcentage de réalisation du travail n'aura pas d'incidence sur les ressources Coût. Notez également qu'un calendrier ne peut pas leur être appliqué, donc elles n'affectent pas les prévisions de la tâche. Contrairement au **Coût fixe**, plusieurs ressources de type **Coût** peuvent être affectées à une tâche.

⇨ *Si les ressources de votre entreprise peuvent être utilisées dans plusieurs projets (simultanément ou pas), vous pouvez saisir la liste des ressources dans un fichier Project dédié (appelé pool ou **Liste des ressources**). Il s'agit d'un fichier Project « ordinaire » (.mpp) ne contenant aucune tâche mais uniquement des ressources. Nommez ce fichier de manière à vous rappeler qu'il s'agit d'un fichier de ressources et non d'un projet.*

B- Créer/supprimer manuellement la liste des ressources

▷ Onglet **AFFICHAGE** - groupe **Affichage des ressources** - bouton **Tableau des ressources**

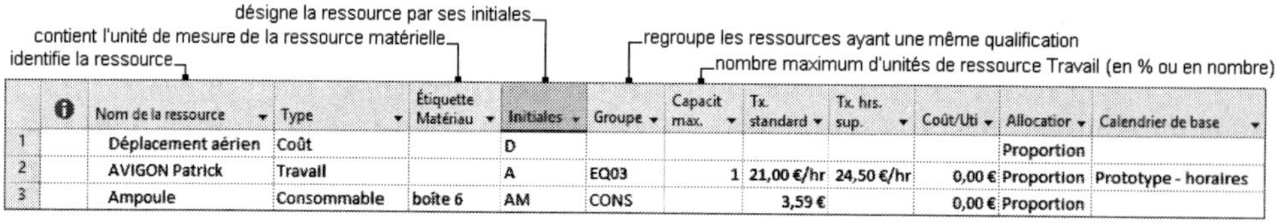

	❶	Nom de la ressource	Type	Étiquette Matériau	Initiales	Groupe	Capacit max.	Tx. standard	Tx. hrs. sup.	Coût/Uti	Allocation	Calendrier de base
1		Déplacement aérien	Coût		D						Proportion	
2		AVIGON Patrick	Travail		A	EQ03	1	21,00 €/hr	24,50 €/hr	0,00 €	Proportion	Prototype - horaires
3		Ampoule	Consommable	boîte 6	AM	CONS		3,59 €		0,00 €	Proportion	

▷ Pour chaque ressource de type **Travail**, renseignez son **Nom**, son **Type**, ses **Initiales**, son **Groupe** et sa **Capacité max.** (nombre ou % maximum d'unités disponibles).

▷ Pour chaque ressource de type **Consommable**, renseignez son **Nom**, son **Type**, son Étiquette **Matériau**, ses **Initiales** et son **Groupe**.

▷ Pour chaque ressource de type **Coût** (valeur constante affectée à une tâche), renseignez son **Nom**, son **Type**.

Les champs relatifs aux coûts seront renseignés ultérieurement.

⇨ *Pour insérer une ressource, cliquez sur la ressource qui la suivra dans le tableau et appuyez sur la touche* Inser *ou bien ouvrez la liste du bouton **Ajouter des ressources** (onglet **RESSOURCE** - groupe **Insérer**) puis cliquez sur le type de ressource souhaité.*

⇨ *Tout type d'unité de mesure de l'**Étiquette Matériau** (ressource consommable) peut être saisi, comme par exemple, tonne, m (pour mètre), boîte, pot, etc.*

⇨ *Pour supprimer une ressource, cliquez sur son numéro et appuyez sur la touche* Suppr *ou bien faites un clic droit sur la ressource puis cliquez sur l'option* ***Supprimer la ressource*** *du menu contextuel.*

RESSOURCES

C- Créer des ressources à partir d'une source extérieure

▹ Affichez le **Tableau des ressources** : onglet **AFFICHAGE** - bouton **Tableau des ressources** ou de la barre d'état.

▹ Cliquez n'importe où dans le tableau des ressources.

À partir du carnet d'adresses de Microsoft Outlook

▹ Ouvrez la liste du bouton **Ajouter des ressources** (onglet **RESSOURCE** - groupe **Insérer**) puis cliquez sur l'option **Carnet d'adresses**.

▹ Sélectionnez la ressource que vous souhaitez ajouter dans Project puis cliquez sur le bouton **Ajouter**.

▹ Renouvelez cette opération pour chaque ressource ou groupe de ressources ou liste de diffusion que vous souhaitez ajouter.

▹ Cliquez sur le bouton **OK** pour ajouter les ressources ainsi sélectionnées dans votre projet.

À partir de l'annuaire de l'entreprise

▹ Ouvrez la liste du bouton **Ajouter des ressources** (onglet **RESSOURCE** - groupe **Insérer**) puis cliquez sur l'option **Active Directory**.

▹ Cliquez, si besoin est, sur le bouton **Types d'objets** afin de modifier les types d'objets à trouver : **des groupes** et/ou **des utilisateurs**. Dans ce cas, validez votre choix par le bouton **OK**.

▹ Modifiez, si besoin est, l'emplacement dans lequel votre recherche doit s'effectuer en cliquant sur le bouton **Emplacements**. Choisissez-le puis cliquez sur le bouton **OK** pour valider.

▹ Saisissez le nom de la ressource à sélectionner dans le cadre **Entrez les noms des objets à sélectionner**.

▹ Saisissez ainsi tous les noms des ressources séparés par un point-virgule puis cliquez sur le bouton **Vérifier les noms** afin de lancer la recherche.

Lorsque le nom a été trouvé dans la base, celui-ci apparaît souligné.

Si Project ne trouve pas dans la base la ressource recherchée, un message vous le signale.

▹ Dans ce cas, apportez des modifications grâce aux boutons **Types d'objets** et/ou **Emplacements** si nécessaire puis cliquez sur **OK** pour lancer une nouvelle recherche. Sinon, activez l'option **Supprimer... de la sélection** puis cliquez sur **OK** si vous ne poursuivez pas la recherche de cette ressource.

D- Définir la capacité maximale d'une ressource Travail

▹ Dans le tableau des ressources, cliquez dans le champ **Capacité max.** de la ressource concernée.

▹ Indiquez combien de temps ou de capacité maximale, la ressource doit consacrer au projet dans son ensemble ; par exemple : 100 % pour un temps plein, 50 % pour un temps partiel, 300 % pour un temps multiple (si la ressource correspond à trois personnes qui travaillent à temp plein sur le même projet).

Une capacité maximale de 800 % pour une ressource Equipement, comme par exemple un Oscilloscope, signifie que vous comptez disposer de huit Oscilloscopes tous les jours ouvrés.

Le temps spécifié à ce niveau concerne le projet dans son ensemble, il ne faut pas le confondre avec une unité d'affectation qui correspond au temps saisi au moment de l'affectation de la ressource à une tâche. Contrairement à la capacité maximale, l'unité d'affectation est le temps que cette ressource peut consacrer à une tâche précise.

Notez que vous devez vous-même définir la capacité maximale par ressource ou par nom de ressources consolidées. Microsoft Project n'effectue aucun contrôle ni test à ce niveau là. Par contre un test de comparaison sera effectué entre la capacité maximale et le nombre d'unités d'affectation afin de déterminer si la ressource est surutilisée ou non.

⇨ *Pour présenter les unités d'affectation maximales sous forme de pourcentage ou de nombre décimal, utilisez l'onglet* ***FICHIER*** *- option* ***Options*** *- catégorie* ***Échéancier*** *- zone* ***Échéancier****. Choisissez l'option* ***Pourcentage*** *ou* ***Décimal*** *du champ* ***Afficher le taux d'allocation en tant que****.*

E- Définir les disponibilités d'une ressource dans le temps

▷ En affichage des ressources, cliquez sur le **Nom de la ressource** concernée.

▷ Cliquez sur l'outil **Informations** (onglet **RESSOURCE** - groupe **Propriétés**).

▷ Activez l'onglet **Général**.

▷ Renseignez les dates de disponibilités de la ressource et le pourcentage d'**Unités** disponibles par période.

Ressource disponible

Disponible à partir de	Disponible jusqu'à	Unités
NC	24/01/2014	3
27/01/2014	31/01/2014	2
03/02/2014	07/02/2014	1

▷ Validez par **OK**.

Désormais, le champ ***Capacité max.*** *(Tableau des ressources) de cette ressource affichera la valeur en fonction de la date système de votre ordinateur.*

F- Gérer la liste des ressources

▷ Pour trier la liste des ressources : onglet **AFFICHAGE** - bouton **Trier** (groupe **Données**), choisissez de trier selon un critère (**Coût**, **Nom** ou **N°**) ou selon plusieurs critères (**Trier par**).

⇨ *Comme pour le tri des tâches, les tris peuvent être annulés par* ⇧ F3 *lorsque la renumérotation n'est pas demandée.*

▷ Pour filtrer les ressources d'un groupe précis, ouvrez la liste du bouton **Filtrer** (onglet **AFFICHAGE** - groupe **Données**) puis cliquez sur **Groupe**. Saisissez le **Nom du groupe** concerné puis validez par **OK** .

⇨ *Pour un champ de type texte, vous pouvez utiliser des caractères génériques ? ou *.*

▷ Pour imprimer le tableau des ressources : onglet **FICHIER** - option **Imprimer**. Modifiez si besoin les **Paramètres** d'impression à l'aide des listes déroulantes d'options proposées puis cliquez sur le bouton **Imprimer** pour lancer l'impression.

Cliquez ensuite sur le bouton pour revenir à la fenêtre du projet.

G-Travailler sur les calendriers d'une seule ressource

- Soyez en affichage des ressources.
- Onglet **PROJET** - groupe **Propriétés** - bouton **Modifier les horaires de travail**

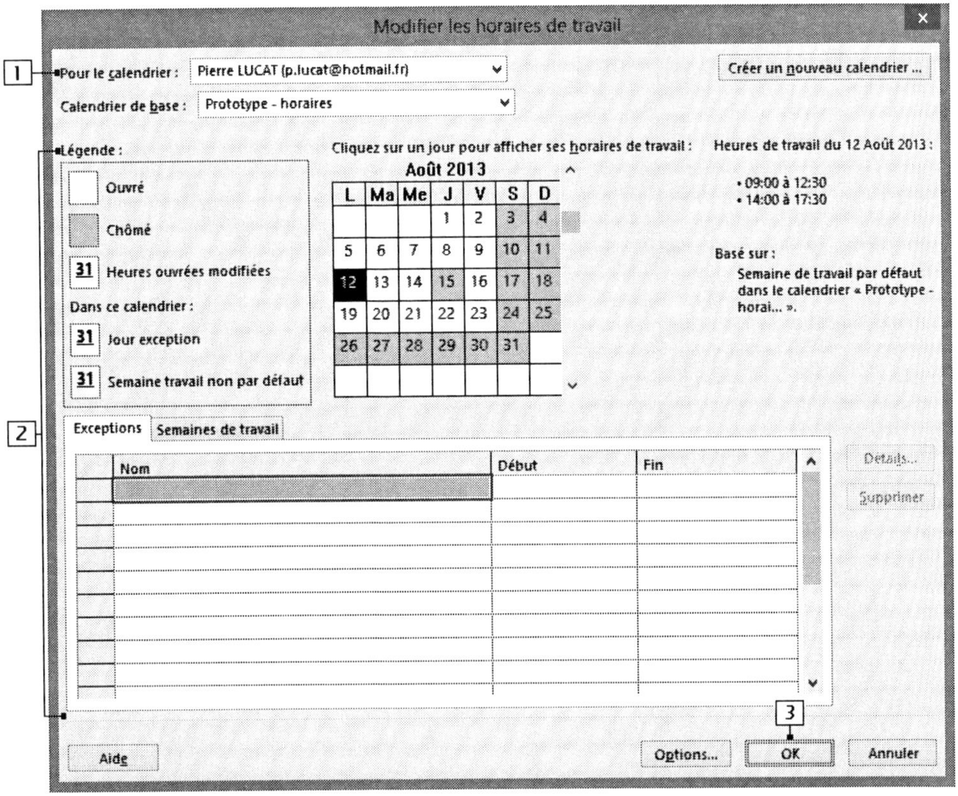

1. Sélectionnez le nom de la ressource concernée.
2. Adaptez alors le calendrier aux besoins de la ressource.
3. Validez.

⇨ *Pour garder une trace papier des calendriers créés, procédez comme pour imprimer le calendrier du projet.*

H-Travailler sur les calendriers de plusieurs ressources Travail

- Soyez en affichage des ressources.
- Cliquez sur le bouton **Modifier les horaires de travail** de l'onglet **PROJET** puis cliquez sur le bouton **Créer un nouveau calendrier**.

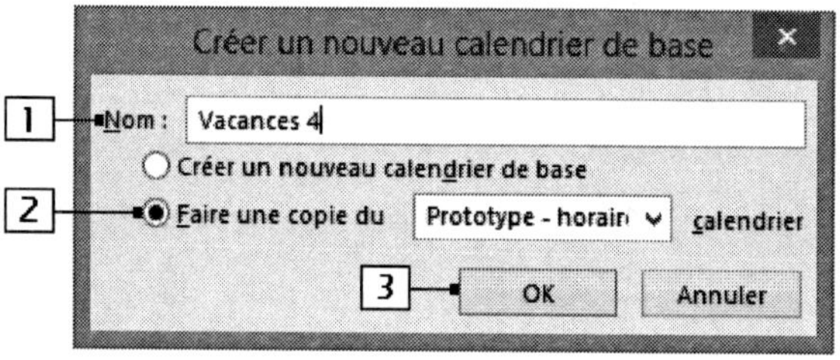

[1] Attribuez un nom au nouveau calendrier.

[2] Choisissez le calendrier à partir duquel vous souhaitez faire une copie.

[3] Validez.

- Adaptez alors le calendrier à vos besoins puis validez la création du calendrier par **OK**.
- Afin d'appliquer le calendrier aux ressources concernées, activez la cellule **Calendrier de base** de la ressource concernée puis ouvrez la liste déroulante.

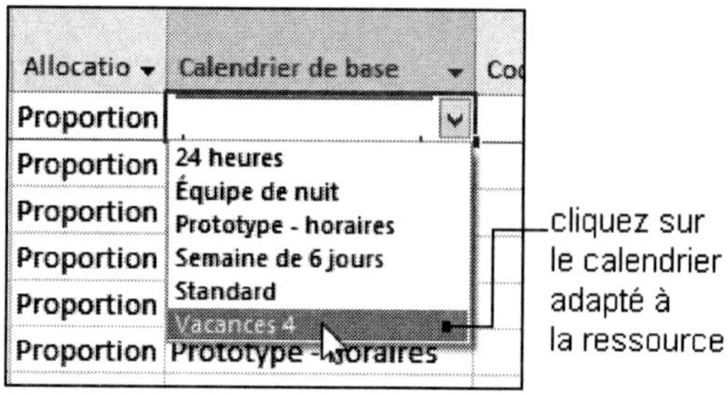

I- Saisir une remarque sur une ressource

- En affichage ressources, sélectionnez la ressource concernée. Cliquez sur le bouton **Remarques** (onglet **RESSOURCE** - groupe **Propriétés**) et saisissez vos observations. Au besoin, mettez en forme le commentaire saisi à l'aide des outils proposés puis cliquez sur **OK**.

  *Comme pour les tâches, une petite feuille dans la colonne des **Indicateurs** matérialise la présence d'une remarque.*

- Pour modifier une remarque, faites un double clic sur l'icône affichée dans la colonne des **Indicateurs**, apportez vos modifications puis cliquez sur **OK**.

- Pour consulter une remarque précise, pointez l'icône de la remarque dans la colonne **Indicateurs**. Vous pouvez aussi cliquer sur le bouton **Détails** (onglet **RESSOURCE** - groupe **Propriétés**), faire un clic droit sur le formulaire ressource puis cliquer sur l'option **Notes** du menu contextuel. Sélectionnez dans la partie supérieure de la fenêtre la ressource à consulter. Mettez fin à la consultation en cliquant à nouveau sur le bouton **Détails** (onglet **RESSOURCE** - groupe **Propriétés**).

⇨ *Pour filtrer les ressources commentées, ouvrez la liste **Filtrer** (onglet **AFFICHAGE** - groupe **Données**) - option **Autres filtres** puis faites un double clic sur le filtre **Ressources avec pièces jointes**.*

5.2 L'affectation de ressources

A- Découvrir les prévisions pilotées par l'effort

- Microsoft Project augmente ou réduit la durée de la tâche en fonction des modifications de ressources affectées, mais il ne change pas le travail total pour la tâche. Rappelons que le travail (ou charge de travail) est différent de la durée d'une tâche. En effet, le travail total d'une tâche correspond au nombre de "personnes-heures" nécessaires à toutes les ressources pour accomplir une tâche.
- Il est donc important de noter qu'au fur et à mesure que des ressources sont ajoutées à une tâche, le travail total de la tâche reste le même. Par contre, le volume de travail distribué aux ressources affectées à cette tâche change. Ce processus utilisé par Project est appelé **Prévisions pilotées par l'effort**.
- Ce processus peut être désactivé, ce qui peut s'avérer pratique lorsque par exemple vous souhaitez afficher l'augmentation du travail total au fur et à mesure que des ressources sont ajoutées à une tâche particulière.

  Lorsque le paramètre de prévisions pilotées par l'effort est actif, les calculs effectués pour une éventuelle modification de la durée de la tâche ne s'appliquent qu'après la première affectation d'une ou plusieurs ressources à cette tâche.

⇨ *Pour désactiver les prévisions pilotées par l'effort pour toutes les tâches qui seront créées, décochez l'option* ***Les nouvelles tâches sont pilotées par l'effort*** *de l'onglet* ***FICHIER - Options - Échéancier*** *- zone* ***Options de planification pour ce projet****.*

⇨ *Pour activer/désactiver les prévisions pilotées par l'effort pour une tâche, faites un double clic sur la tâche concernée par un changement dans les affectations des ressources puis activez l'onglet* ***Avancées****. Si le changement d'affectation ne doit pas entraîner de modifications dans la durée, décochez l'option* ***Pilotée par l'effort****. Dans le cas contraire, cochez-la. Validez par* ***OK*** *puis effectuez la modification d'affectation de ressource.*

B- Modifier le type de tâche

Rappelons que Project applique la formule de planification (durée x unités = travail) pour calculer la valeur de travail d'une tâche dans le cadre du pilotage par l'effort et qu'une tâche n'a du travail qu'à partir du moment où au moins une ressource Travail y a été affectée. Sachez que chaque valeur de la formule de planification correspond à un type de tâche, et c'est le type de tâche qui va indiquer à Project laquelle des trois valeurs de la formule de planification reste fixe si les deux autres valeurs changent.

Project affecte le type de tâche ***Capacité fixe*** *par défaut à toute nouvelle tâche. Il existe deux autres types de tâches :* ***Durée fixe*** *et* ***Travail fixe****. Notez que l'option* ***Pilotée par l'effort*** *ne peut pas être désactivée pour le type de tâche* ***Travail fixe****.*

Le type de tâche appliqué à une tâche est utilisé pour forcer Project dans ses paramètres de calculs. Le choix que vous ferez pour appliquer tel ou tel type de tâche dépend donc de la façon dont vous souhaitez que Project planifie la tâche en question.

- Ouvrez la boîte de dialogue **Informations sur la tâche** par un double clic sur le nom de la tâche concernée ou en cliquant sur le bouton **Informations** (onglet **TÂCHE**) ou [⇧] [F2].
- Activez l'onglet **Avancées**.
- Choisissez le **Type de tâche** : **Capacité fixe**, **Durée fixe** ou **Travail fixe** selon le cas.
- Validez par **OK**.

⇨ *Les réglages* ***Type de tâche*** *et* ***Pilotée par l'effort*** *ont en commun le fait qu'ils peuvent avoir l'un et l'autre une incidence sur la quantité de travail, la durée et les unités. Toutefois, les prévisions par l'effort n'ont d'incidence sur la planification que lorsque vous affectez des ressources à une tâche ou vous en supprimez, alors que modifier le* ***Type de tâche*** *n'a d'incidence que sur les ressources qui sont affectées à la tâche.*

⇨ *La* ***Durée*** *d'une tâche récapitulative est calculée en fonction de la date de début de la première tâche subordonnée et de la date de fin de la dernière tâche subordonnée. De ce fait, le type d'une tâche récapitulative est toujours* ***Durée fixe*** *et ne peut donc pas être modifié.*

⇨ *Attention : au moment de l'affectation de ressources* ***Travail*** *correspondant à un* *<u>équipement</u>* *ou un* *<u>outil</u>*, *vérifiez que la tâche n'est pas* ***Pilotée par l'effort*** *ni de type* ***Travail fixe*** *car ce genre de ressources ne consomme pas la charge déjà allouée à la main d'œuvre.*

C- Affecter des ressources à une ou plusieurs tâches

▷ Soyez en affichage Diagramme de Gantt.

▷ Contrôlez pour chacune des tâches concernées, l'état du paramètre prévision **Pilotée par l'effort** dans la fenêtre **Informations sur la tâche** - onglet **Avancées**.

▷ Sélectionnez à l'aide de cliqués-glissés ou de [Ctrl]-clics les tâches concernées par une même affectation de ressources.

▷ Cliquez sur le bouton **Affecter les ressources** (onglet **RESSOURCE** - groupe **Affectations**) ou [Alt] [F10].

Par défaut, la boîte de dialogue ***Affecter les ressources*** *liste par ordre alphabétique toutes les ressources créées.*

Vous pouvez aussi ouvrir cette fenêtre en faisant un clic droit sur le nom de la tâche puis en cliquant sur ***Affecter les ressources*** *du menu contextuel.*

Filtrer les ressources

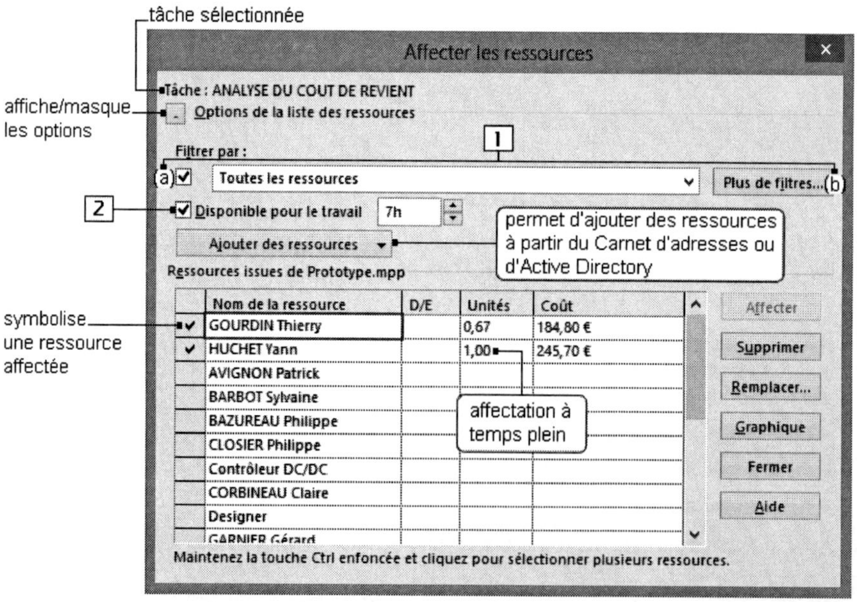

[1] Si vous souhaitez filtrer les ressources selon un critère autre que leurs disponibilités pour le travail, cochez l'option (a) puis ouvrez la liste déroulante qui lui est associée afin de sélectionner le critère de votre choix.

Si aucun des filtres de la liste **Filtrer par** ne vous convient, utilisez le bouton (b) afin de modifier un filtre existant ou de créer un filtre personnalisé (cf. 6.2 - B - Personnaliser un filtre).

[2] Pour limiter la liste des ressources à celles qui sont disponibles pour travailler pendant un nombre d'heures spécifiques, cochez cette option puis saisissez ou sélectionnez le nombre d'heures pendant lesquelles les ressources doivent être disponibles pour travailler sur la tâche sélectionnée.

Affecter une ressource à temps complet

▷ Dans la fenêtre **Affecter les ressources**, sélectionnez les ressources que vous souhaitez affecter à temps complet.

▷ Cliquez sur le bouton **Affecter**.

Une coche vient précéder le nom des ressources affectées aux tâches sélectionnées.

*La valeur 1 ou 100% (selon le format choisi) dans la colonne **Unités** correspond à une affectation à temp plein.*

▷ Réalisez ainsi toutes les affectations jugées utiles.

▷ Lorsque les affectations sont terminées, cliquez sur le bouton **Fermer**.

*Les noms des ressources affectées s'affichent dans le planning si l'option **Noms ressources** a été appliquée au style des barres dans la boîte de dialogue **Mise en forme de la barre** (onglet **OUTILS DIAGRAMME DE GANTT - FORMAT** - bouton **Format** du groupe **Styles des barres** - option **Barre** - onglet **Texte de la barre**). Ils s'affichent aussi dans la dernière colonne de la table* [↵].

⇨ *Pour affecter une ou plusieurs ressources à une tâche, vous pouvez aussi utiliser la colonne **Noms ressources** (affichage Diagramme de Gantt) associée à la tâche pour laquelle vous souhaitez ajouter des ressources puis cocher la ou les ressources à ajouter.*

Affecter une ressource Consommable

▷ Dans la fenêtre **Affecter les ressources**, cliquez dans la cellule **Unités** de la ressource Consommable à affecter.

▷ Saisissez la quantité à utiliser.

*L'unité de mesure utilisée lors de la définition de la ressource Consommable (tonne, mètre, etc.) s'affiche par défaut. Il est également possible de saisir un taux de consommation dans le champ **Unités**. Par exemple, si une tâche nécessite 20 unités d'un matériau (ressource Consommable) par heure d'avancement, vous pouvez saisir **20/h** dans le champ **Unités**.*

▷ Cliquez sur le bouton **Affecter** ou validez par la touche [↵].

Affecter plusieurs unités d'une même ressource

▷ Dans la fenêtre **Affecter les ressources**, cliquez dans la cellule **Unités** de la ressource concernée.

▷ Saisissez le nombre d'unités à affecter ou un pourcentage supérieur à 100 puis validez par la touche [↵].

Affecter une ressource à temps partiel

- ▷ Dans la fenêtre **Affecter les ressources**, cliquez dans la cellule **Unités** de la ressource concernée.
- ▷ Saisissez le temps passé sur la tâche en pourcentage ou en valeur décimale selon le cas puis validez par la touche ⏎.

  *La durée de la tâche ne varie pas même si le paramètre **Pilotée par l'effort** est actif dans le cas de l'affectation d'une toute première ressource à la tâche.*

⇨ *Project sait calculer automatiquement les unités en fonction d'un volume de travail saisi dans le champ **Unités**. Par exemple, si vous avez défini une tâche dont la durée est de 5 jours et que dans la boîte de dialogue **Affecter les ressources** vous avez saisi **20 heures** dans le champ **Unités** de la ressource de votre choix, sachez que Project calcule automatiquement des unités de 50 %.*

Affecter une ressource de type Coût

- ▷ Dans la fenêtre **Affecter les ressources**, cliquez dans la cellule **Coût** de la ressource concernée.
- ▷ Saisissez, si besoin, un coût spécifique à cette tâche.

  Vous pourrez aussi saisir une valeur ultérieurement (cf. Coûts - Saisir les coûts liés aux ressources de type Coût).

- ▷ Validez par la touche ⏎.

  Vous pouvez ainsi associer une valeur spécifique pour chaque tâche disposant de cette ressource de type Coût.

D- Retarder le travail d'une ressource sur une tâche

- ▷ Sélectionnez la tâche concernée par la modification.
- ▷ Pour retarder le début d'une affectation d'une ressource, saisissez ou sélectionnez une nouvelle date de **Début** de la ressource concernée. Vous pouvez aussi compléter la date de début par une heure précise.

E- Appliquer un profil de travail prédéfini

Lorsque vous affectez une ressource à une tâche, Project affecte automatiquement le même nombre d'heures ou le même stock par période de temps pour toute la durée de la tâche. Vous pouvez changer cette répartition.

- ▷ Onglet **AFFICHAGE** - groupe **Affichages des tâches** - partie supérieure du bouton **Utilisation des tâches**
- ▷ Sélectionnez la tâche pour laquelle l'une des ressources affectées doit avoir un profil de travail spécifique.
- ▷ Sachez que l'application d'un profil de travail à une affectation peut avoir pour effet d'augmenter la durée totale de la tâche. Pour éviter cela, appliquez le **Type de tâche Durée fixe** à la tâche avant de lui appliquer un profil de travail (onglet **Avancées** de la boîte de dialogue **Informations sur la tâche**).
- ▷ Pour choisir un profil prédéfini, réalisez un double clic sur la ressource concernée de la tâche en question. Ouvrez la liste **Profil de travail** de l'onglet **Général**, cliquez sur le profil attendu puis validez par **OK**.
- ▷ Pour personnaliser un profil, cliquez sur la ressource concernée puis cliquez sur le bouton **Atteindre la tâche** (onglet **TÂCHE** - groupe **Modification**) pour atteindre la tâche. Saisissez vous-même, par jour, les heures consacrées à la tâche par la ressource.

⇒ *Une icône représentant le profil choisi s'affiche dans la colonne des indicateurs :*

	Charge croissante		*Pic à la fin*
	Charge décroissante		*En cloche*
	Pic double		*En plateau*
	Pic au début		

⇒ *L'indicateur des profils personnalisés est celui-ci :* .

F- Afficher les initiales des ressources dans le planning

▷ Soyez en affichage Diagramme de Gantt.

▷ Onglet **FORMAT** - bouton **Format** - option **Barres et Styles**

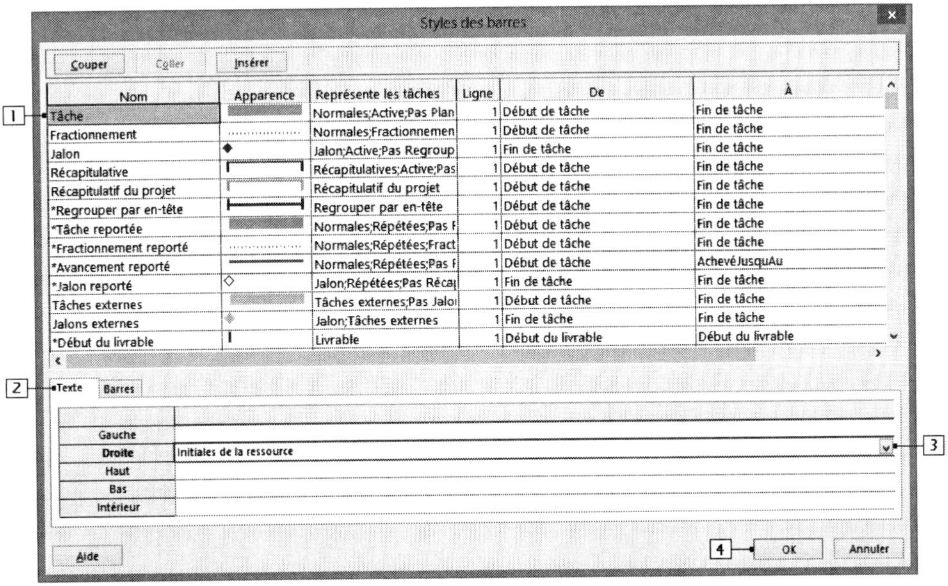

1 Sélectionnez cette cellule.

2 Activez cet onglet.

3 Ouvrez cette liste puis sélectionnez l'option **Initiales de la ressource** dans la liste.

4 Validez

G- Modifier une affectation de ressource

▷ Réalisez un double clic sur la tâche concernée par un changement dans les affectations de ressources.

▷ Activez l'onglet **Avancées**.

▷ Si le changement d'affectation ne doit pas entraîner de modifications dans la durée, décochez l'option **Pilotée par l'effort**.

Si la modification d'affectation doit avoir une répercussion sur la durée, cochez l'option **Piloter par l'effort** puis assurez-vous que le **Type de tâche** affecté n'est pas **Durée fixe**, sinon l'affectation d'une nouvelle ressource n'aurait pas d'incidence sur la durée de la tâche.

*Lorsque la planification des prévisions est pilotée par l'effort, l'option choisie dans la zone **Type de tâche** de la boîte de dialogue **Informations sur la tâche** peut interférer dans le recalcul de la durée de la tâche.*

- Cliquez sur **OK** de la boîte de dialogue **Informations sur la tâche**.
- Veillez à ce que la tâche concernée soit sélectionnée puis cliquez sur le bouton **Affecter les ressources** (onglet **RESSOURCE** - groupe **Affectations**).
- Procédez ensuite comme pour une affectation initiale de ressource.

Dans le cas d'une ressource Travail sans planification pilotée par l'effort, il est possible que l'indicateur de balise active, en regard du nom de la tâche qui vient d'être modifiée, reste présent tant que vous n'effectuez pas une autre action.

Pour accéder aux options proposées par la balise active, pointez son icône puis cliquez pour afficher les options :

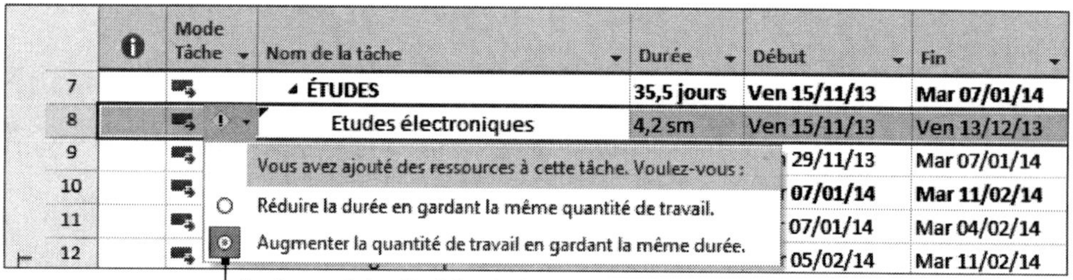

l'option activée décrit le résultat de votre dernière action

- Pour supprimer une affectation de ressource, dans la fenêtre **Affecter les ressources**, sélectionnez la ressource concernée puis cliquez sur le bouton **Supprimer**.
- Pour remplacer une ressource, dans la fenêtre **Affecter les ressources**, sélectionnez la ressource à remplacer puis cliquez sur le bouton **Remplacer**. Sélectionnez la nouvelle ressource et validez.
- Pour modifier le nombre d'unités affectées en changeant la durée de la tâche, procédez comme lors des affectations initiales de ressources.
- Pour modifier le nombre d'unités affectées, sans changer la durée de la tâche, dans la boîte de dialogue **Informations sur la tâche**, le **Type de tâche** doit être de **Durée fixe**. Ensuite, dans la boîte de dialogue **Affecter les ressources**, cliquez dans la cellule **Unités** de la ressource concernée afin de saisir le bon nombre d'unités ou le bon pourcentage.

H- Regrouper des affectations

- Activez un affichage contenant les affectations (ex : **Utilisation des tâches** ou **Utilisation des ressources** par l'onglet **AFFICHAGE**).
- Onglet **AFFICHAGE** - liste **Grouper par** - option **Plus de groupes**
- Activez l'option **Tâche** ou **Ressource** pour afficher la liste des **Groupes** correspondants puis sélectionnez un critère de regroupement dans la liste **Groupes**.

- Cliquez sur le bouton **Modifier**.
- Cochez l'option **Affectations de groupe, non de ressource** (ou **de tâches** selon le cas).
- Cliquez sur le bouton **Enregistrer**.
- Cliquez sur le bouton **Fermer** de la boîte de dialogue **Plus de groupes**.

⇨ *Pour revenir à un affichage sans regroupement, ouvrez la liste **Grouper par** puis cliquez sur l'option **Aucun groupe**.*

I- Modifier le volume de Travail avec une Durée fixe

- Activez l'affichage **Entrée des tâches** (onglet **TÂCHE** - liste du bouton **Diagramme de Gantt - Plus d'affichages - Entrée des tâches - Appliquer**).
- Activez, si ce n'est déjà fait, la fiche **Travail** du **FORMULAIRE TÂCHE** : clic droit dans le formulaire - option **Travail**.
- Cliquez sur la tâche concernée pour la sélectionner.
- Dans le volet **Travail** du **FORMULAIRE TÂCHE**, choisissez, si ce n'est déjà fait, l'option **Durée fixe** dans la liste **Type de tâche**.

Si l'option Pilotée par l'effort est désactivée

- Modifiez le temps de **Travail** dans la colonne **Travail** du **FORMULAIRE TÂCHE**, puis cliquez sur le bouton **OK** situé en haut à droite du formulaire pour valider la modification.

  *Project 2013 ne modifie pas le champ **Unités**, ce qui permet au planificateur de savoir combien de ressources avaient été affectées à la tâche.*

- Pour connaître le besoin exact de ressources nécessaires pour effectuer cette tâche, vous pouvez utiliser la fiche **UTILISATION DES TÂCHES** (clic droit sur le libellé **FORMULAIRE TÂCHE** puis cliquez sur **Utilisation des tâches** du menu contextuel) puis y insérer les colonnes **Unités d'affectation** et **Pointe**.

Si l'option Pilotée par l'effort est activée

*Pour illustrer ce sous-titre, prenons en exemple l'affichage **Utilisation des tâches** dans la partie supérieure avec les colonnes **Taux d'allocation** et **Pointe**, et dans la partie inférieure, la fiche **Travail** du **FORMULAIRE TÂCHE**.*

- Dans la fiche **Travail** du **FORMULAIRE TÂCHE**, modifiez si ce n'est déjà fait le **Type de tâche** en **Durée fixe**.
- Affectez par exemple une nouvelle ressource (Electronicien dans notre exemple) puis validez les modifications par le bouton **OK** situé en haut à droite du formulaire.

Observons le résultat :

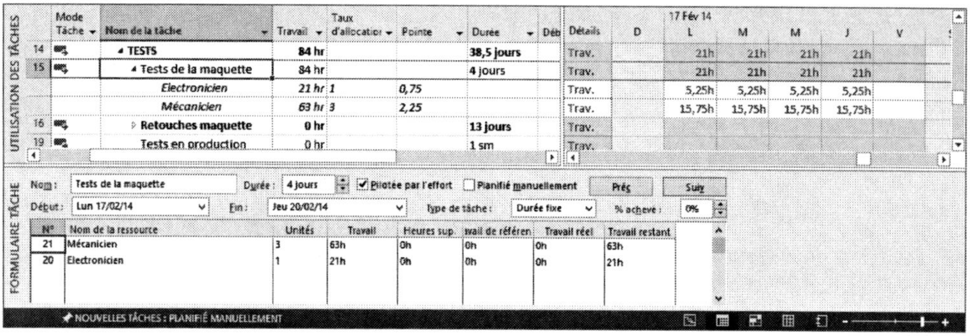

*Notez que la **Durée** de la tâche (4 jours) ainsi que le **Taux d'allocation** (3 et 1) n'ont pas changé, par contre Project a modifié la valeur du champ **Pointe** afin que les deux ressources puissent partager les 84 heures de travail initiales.*

J- Modifier la Durée d'une tâche de type Travail fixe

▷ Dans la partie supérieure de la fenêtre, choisissez l'affichage **Utilisation des tâches** avec les colonnes **Taux d'allocation** et **Pointe**, et dans la partie inférieure, affichez la fiche **Travail** du **FORMULAIRE TÂCHE**.

▷ Sélectionnez la tâche concernée.

▷ Assurez-vous que le **Type de tâche** est bien **Travail fixe**.

*Notez que dans ce cas l'option **Pilotée par l'effort** n'est pas modifiable (coché et grisé).*

▷ Affectez les ressources souhaitées puis cliquez sur le bouton **OK** de la fiche **FORMULAIRE TÂCHE**.

*Pour notre exemple, nous avons affecté deux **Unités d'Electronicien** pour une durée totale de **Travail** de **105 h**.*

▷ Affectez de nouvelles ressources, validez par **OK** de la fiche **FORMULAIRE TÂCHE** puis observez le résultat.

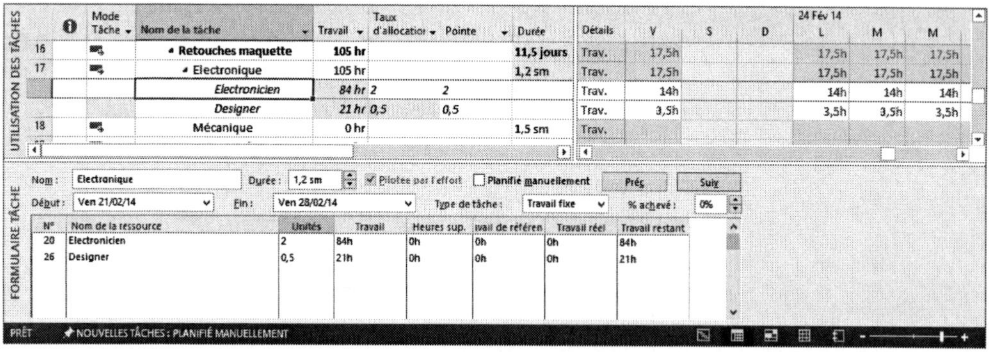

*Pour notre exemple, nous avons ajouté un **Designer** à mi-temps (**0,5 Unités**). Remarquez que la valeur du champ **Travail** n'a pas changé (105 h) mais la **Durée** de la tâche a été recalculée (1,2 semaine).*

K- Utiliser le Planificateur d'équipe

*Le **Planificateur d'équipe** est disponible uniquement dans la version Professionnelle de Project 2013. Ce nouvel outil de gestion de la planification des ressources vous permet de :*

- *voir rapidement sur quelle tâche (et quel projet en cas de gestion multi-projets) travaille chacune des ressources,*
- *déplacer aisément des tâches d'une personne à l'autre,*
- *voir et affecter les tâches disponibles,*
- *afficher les surutilisations des ressources,*
- *consulter les noms des tâches et des ressources dans un même affichage,*
- *etc.*

▷ Pour afficher le planificateur d'équipe : onglet **RESSOURCE** - partie supérieure du bouton **Planificateur d'équipe** (groupe **Vue**).

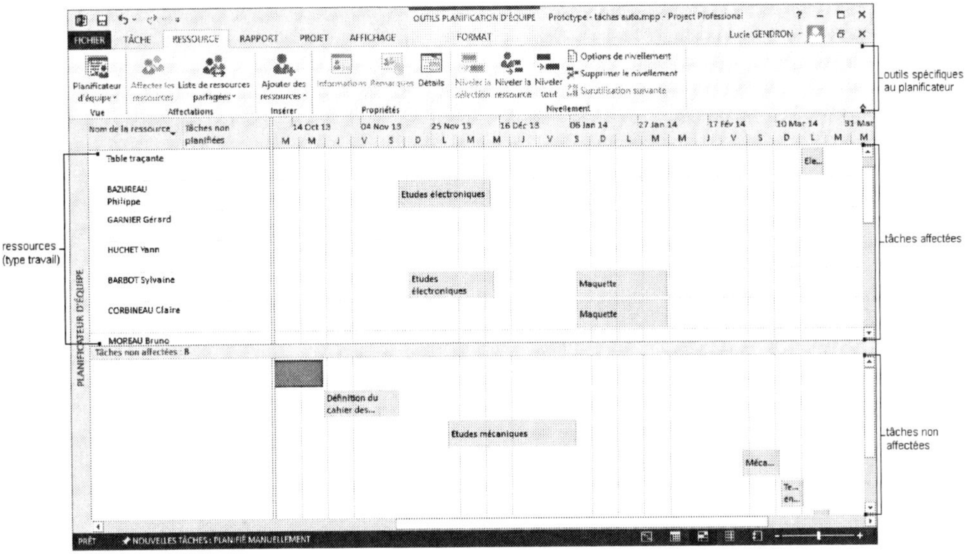

La tâche en retard apparaît sur fond gris, la tâche en mode de planification automatique sur fond bleu clair et la tâche en mode de planification manuelle sur fond bleu vert.

▷ Vous pouvez pointer une tâche pour afficher ses caractéristiques dans une info-bulle.

Ajouter ou modifier une affectation de ressource

- Pour affecter une ressource aux tâches, double cliquez sur la tâche en question. Activez l'onglet **RESSOURCE** puis affectez la ou les ressources suivant la procédure habituelle (cf. 5.2 - L'affectation de ressources).

  Vous pouvez aussi cliquer dans la partie inférieure de l'écran sur la tâche non affectée puis la faire glisser dans la partie supérieure sur l'axe temporel de la ressource à affecter.

  Project effectue les contrôles nécessaires à la faisabilité de cette affectation et vous informe en cas de problème et suggère une éventuelle solution.

- Pour supprimer l'affectation d'une tâche en particulier, dans la partie supérieure cliquez sur la tâche située sur la ligne de la ressource concernée puis faites-la glisser dans la colonne **Tâches non planifiées** du tableau.

  Project peut vous demander de confirmer la modification. Les messages varient selon la situation.

  Dans ce cas, lisez attentivement le message puis cliquez sur le bouton **OK** ou **Annuler** selon votre choix.

  Selon la modification validée, notez que la tâche peut alors passer en mode de **Planification manuelle**.

Résoudre les problèmes de surutilisation des ressources

La surutilisation d'une ressource est repérable par la couleur rouge du nom de cette ressource et de la (ou des) tâche(s) concernée(s) par cette surutilisation.

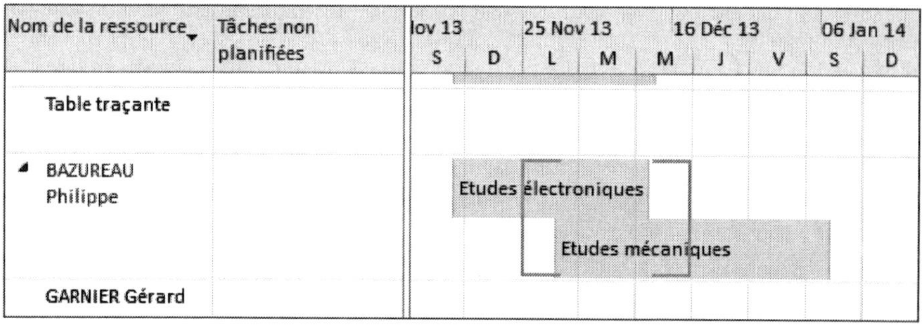

Pour résoudre le problème de surutilisation, vous pouvez par exemple à l'aide d'un cliqué-glissé, déplacer la tâche qui pose problème à une autre date, ou pourquoi pas, l'affecter à une autre ressource.

- Pour supprimer automatiquement les surcharges des ressources, vous pouvez aussi cliquer sur l'outil **Empêcher la surutilisation** de l'onglet **OUTILS PLANIFICATION D'ÉQUIPE - FORMAT** (groupe **Échéancier**).

  Tout en respectant les liens, Project déplace automatiquement des tâches afin de supprimer toutes les surutilisations.

5.3 L'optimisation des affectations

A- Visualiser les affectations de ressources

▷ Onglet **TÂCHE** - liste du bouton **Diagramme de Gantt** - option **Utilisation des ressources**

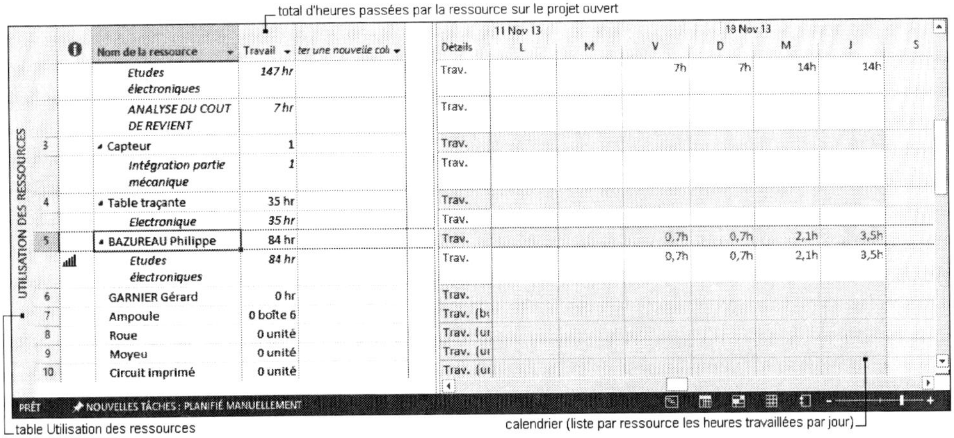

⇨ *En affichage **Diagramme de Gantt**, le planning du Gantt affiche le nom des ressources affectées et le nombre d'unités. La **Table Entrée** liste ces mêmes informations en dernière colonne. La fiche **Travail** de la ressource permet de prendre connaissance des éventuelles heures supplémentaires et la fiche **Planification** affiche les retards.*

⇨ *Pour afficher le graphe des disponibilités des ressources affectées à la tâche sélectionnée : affichage **Diagramme de Gantt** - bouton **Affecter les ressources** (onglet **RESSOURCE** - groupe **Affectations**) - bouton **Graphique** de la boîte de dialogue **Affecter les ressources**. Pour quitter l'affichage du graphique, décochez l'option **Détails** (onglet **AFFICHAGE** - groupe **Fractionner l'affichage**).*

B- Modifier l'affichage "Utilisation des ressources"

▷ Pour modifier l'échelle de temps, activez l'onglet **AFFICHAGE**, ouvrez la liste **Échelle de temps** puis cliquez sur l'option de même nom. Réalisez les personnalisations attendues puis validez (cf. 4.1 - E - Modifier l'échelle de temps du planning du Gantt).

▷ Pour choisir les informations affichées dans le calendrier, cliquez n'importe où dans le tableau **Utilisation des ressources** pour activer l'onglet **OUTILS UTILISATION DES RESSOURCES - FORMAT** puis cochez (pour afficher) ou décochez (pour masquer) les options suivantes :

Travail	indique la quantité de travail prévue pour la ressource spécifiée.
Travail réel	indique le volume de travail déjà effectué par une ressource sur une tâche.
Travail cumulé	affiche le travail avec un cumul des heures.
Surutilisation	indique le volume de travail sur lequel la ressource est surutilisée pour une affectation.
Coût	affiche le coût prévu de la ressource pour l'ensemble des tâches affectées.
Disponibilité restante	affiche la quantité de travail pouvant encore être affectée pour la ressource.

▷ Pour afficher la répartition des ressources, activez l'onglet **TÂCHE**, ouvrez la liste **Diagramme de Gantt** puis cliquez sur l'option **Plus d'affichages**. Réalisez un double clic sur **Affectation des ressources**.

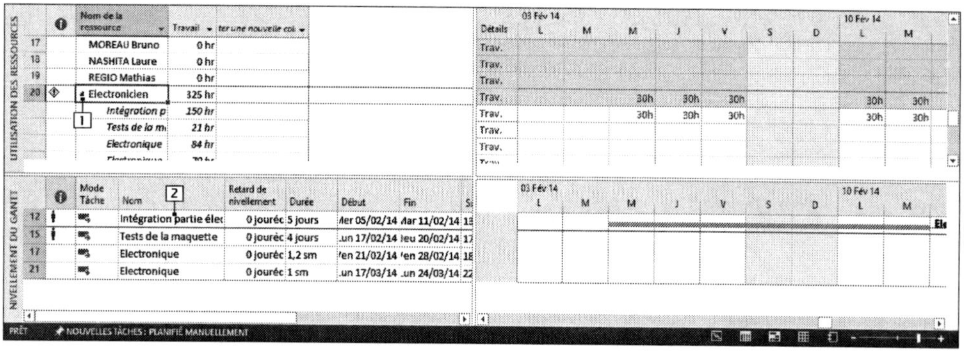

[1] Cliquez sur la ligne de la ressource à examiner (vous visualisez les tâches dans la partie inférieure).

[2] Pour afficher la barre relative à l'une des tâches de la ressource, cliquez sur la tâche puis cliquez sur le bouton **Atteindre la tâche** (onglet **TÂCHE** - groupe **Modification**).

*Les tâches pour lesquelles aucune ressource n'a été affectée (ex : jalons) sont regroupées sous le nom **« Non affecté »** en début de liste.*

⇨ *Pour analyser la surcharge d'une ressource, utilisez le filtre **Ressources surutilisées** à partir de la liste de l'outil **Filtrer** (onglet **AFFICHAGE** - groupe **Données**).*

C- Autoriser des heures supplémentaires

▷ Activez l'affichage Diagramme de Gantt puis sélectionnez la tâche concernée.

▷ Dans l'onglet **AFFICHAGE**, cochez l'option **Détails** du groupe **Fractionner l'affichage**.

▷ Cliquez avec le bouton DROIT dans la fiche visualisée puis cliquez sur **Travail**.

▷ Dans le champ **Heures sup**, renseignez les heures supplémentaires accordées pour chaque ressource en respectant les consignes suivantes :

S'il doit y avoir une diminution de la durée de la tâche, saisissez uniquement le nombre d'heures supplémentaires.

Si la durée de la tâche doit demeurer inchangée, renseignez le nombre d'heures supplémentaires et le nombre d'heures travaillées.

Le principe du calcul est le suivant : DURÉE (de la tâche) = TRAVAIL - HEURES SUP.

▷ Validez par un clic sur le bouton **OK** de la fiche **FORMULAIRE TÂCHE**.

*Lorsque les boutons **Préc.** et **Suiv.** ont remplacé le bouton **OK**, cela signifie que Project a enregistré les changements.*

▷ Pour revenir en affichage standard, décochez l'option **Détails** (onglet **AFFICHAGE** - groupe **Fractionner l'affichage**) ou faites un double clic dans la barre de fractionnement horizontal.

⇨ *Pour filtrer les tâches concernées par des heures supplémentaires, ouvrez la liste de l'outil **Filtrer** (onglet **AFFICHAGE** - groupe **Données**), cliquez sur **Autres filtres** puis double cliquez sur **Tâches/affectations avec heures supplémentaires**.*

⇨ *Selon le* ***Type*** *de la tâche concernée par les heures supplémentaires saisies, sa* ***Durée*** *peut varier :*

- ***Capacité fixe*** *: la* ***Durée*** *de la tâche diminue.*
- ***Durée fixe*** *: la* ***Durée*** *de la tâche ne change pas.*
- ***Travail fixe*** *: la* ***Durée*** *de la tâche diminue.*

D-Afficher la table Résumé des ressources

▷ Activez l'affichage du **Tableau des ressources** ou de l'**Utilisation des ressources**.

▷ Onglet **AFFICHAGE** - bouton **Tables** - option **Résumé**

nombre maximum d'unités affectées de la ressource à un moment donné

	Nom de la ressource	Groupe	Capacité max.	Pointe	Tx. standard	Tx. hrs. sup.	Coût	Travail
20	Electronicien	OUV	3	2	22,00 €/hr	0,00 €/hr	5 390,00 €	325 hr
21	Mécanicien	OUV	2	1	20,00 €/hr	24,00 €/hr	560,00 €	63 hr
22	Contrôleur DC/DC	MAT	1	0	150,00 €/hr	0,00 €/hr	0,00 €	0 hr
23	Onduleur SP1021	MAT	1	0	0,00 €/hr	0,00 €/hr	0,00 €	0 hr

E- Examiner les ressources surutilisées

Une ressource est en surutilisation lorsque la quantité de travail qui lui est affectée dépasse sa disponibilité.

Dans le Diagramme de Gantt les tâches pour lesquelles une ou des ressources sont surutilisées contiennent le symbole rouge ! *dans la colonne* ***Indicateurs*** ⓘ.

En affichage ***Tableau des ressources****,* ***Affectations des ressources*** *et* ***Utilisation des ressources****, les ressources surutilisées sont affichées en rouge.*

▷ Pour ne visualiser que les ressources surutilisées, ouvrez la liste **Filtrer** et cliquez sur **Ressources surutilisées**.

▷ Pour lancer une recherche automatique de la surcharge des ressources à partir de l'affichage **Affectation des ressources** (onglet **TÂCHE** - liste du bouton **Diagramme de Gantt** - option **Plus d'affichages** - double clic sur l'affichage **Affectation des ressources**), cliquez sur la première ressource car la recherche ne s'effectue que vers la fin du projet. Activez l'onglet **RESSOURCE**, puis cliquez sur le bouton **Surutilisation suivante** (groupe **Nivellement**) ou Alt F5.

Sur la ligne ***Trav.*** *de la ressource concernée, Project sélectionne la date de dépassement correspondant à la surutilisation de cette ressource.*

Cliquez à nouveau sur le bouton **Surutilisation suivante** pour afficher la surutilisation suivante dans l'ordre chronologique.

Lorsque Project ne trouve plus de surutilisation pour la période du projet visible à l'écran, un message vous le signale.

▷ Pour imprimer les ressources surutilisées : onglet **RAPPORT** - groupe **Afficher les rapports** - bouton **Ressources**, cliquez sur **Ressources surutilisées** puis lancez l'impression par **FICHIER - Imprimer**.

▷ Pour afficher les heures de travail excédentaire, affichez l'**Utilisation des ressources** (onglet **RESSOURCE** - liste **Planificateur d'équipe**). Cliquez avec le bouton DROIT dans la partie Calendrier puis choisissez **Surutilisation**. Déplacez-vous vers la période de temps à examiner.

F- Régler le problème des surutilisations par le nivellement

Grâce au nivellement, Project retarde ou fractionne certaines tâches figurant dans les prévisions jusqu'à ce que les ressources affectées ne soient plus surutilisées.

▷ Onglet **RESSOURCE** - groupe **Nivellement** - bouton **Options de nivellement**

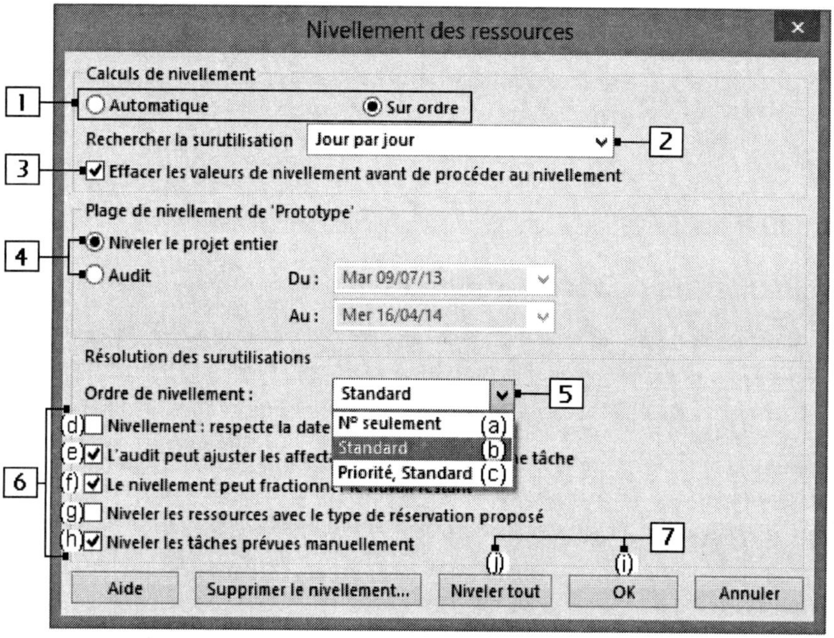

[1] Choisissez le type de calcul approprié (nous vous conseillons **Sur ordre**).

[2] Sélectionnez la période où Project doit rechercher les surutilisations avant d'effectuer les calculs de nivellement.

[3] Décochez cette option afin de conserver les résultats du nivellement antérieur.

[4] Choisissez de **Niveler le projet entier** ou de niveler seulement les tâches d'une période de temps spécifique en activant l'option **Audit** et en spécifiant les dates charnières dans les zones **Du** et **Au**.

[5] Intervenez sur l'**Ordre de nivellement** :

(a) Project commence par retarder la tâche dont le numéro est le plus élevé.

(b) Project examine les relations de prédécesseurs, la marge, les dates et les priorités pour déterminer la tâche à retarder.

(c) Project examine d'abord les priorités, puis les relations du prédécesseur, la marge et les dates pour déterminer la tâche à retarder.

6 Cochez, si besoin est la ou les options suivantes :

(d) Pour que le nivellement ne retarde pas la date de fin de votre projet. Si vous cochez cette option, il est possible qu'il reste des surutilisations dans votre projet après le nivellement.

(e) Pour que Project permette le nivellement d'une ressource indépendamment des autres ressources travaillant sur la même tâche.

(f) Pour permettre au nivellement d'interrompre les tâches en créant des fractionnements dans le travail restant sur des affectations de ressource ou sur des tâches.

(g) Pour que Project intègre les ressources « proposées » et pas seulement les ressources « validées ».

(h) Pour que Project tienne compte des tâches planifiées manuellement dans son nivellement.

7 Validez les informations entrées (i) ou validez-les et lancez simultanément le nivellement (j).

*Vous pouvez aussi lancer le nivellement du projet en tenant compte de ces options en cliquant sur le bouton **Niveler tout** (onglet **RESSOURCE** - groupe **Nivellement**).*

▷ Pour définir les priorités des tâches, sélectionnez les tâches concernées par un même niveau de priorité puis cliquez sur le bouton **Informations** (onglet **TÂCHE** - groupe **Propriétés**).

Dans la zone **Priorité** de l'onglet **Général**, indiquez l'importance des tâches sélectionnées par un nombre compris entre 0 et 1000. Plus ce nombre est élevé, plus haute est la priorité de la tâche.

Sachez que la priorité 1000 signifie "Ne pas effectuer de nivellement". Dans ce cas, Project ne pourra pas retarder cette tâche lors du nivellement.

*Rien n'indique que des priorités ont été définies mais vous pouvez visualiser les priorités en insérant la colonne **Priorité** dans la table **Entrée** par exemple, à l'aide de l'option **Insérer une colonne** du menu contextuel des en-têtes (clic droit sur un libellé d'en-tête).*

▷ Pour afficher le Gantt relatif aux retards : onglet **TÂCHE** - liste du bouton **Diagramme de Gantt** (groupe **Vue**) - option **Plus d'affichages** puis réalisez un double clic sur **Nivellement du Gantt**. Au besoin, zoomez l'affichage.

*La table proposée dans cet affichage est la table **Retard** qui contient le champ **Retard de nivellement**. Sur le planning du Gantt les retards sont mis en évidence par une fine ligne et sombre.*

⇨ *Pour afficher dans une info-bulle les informations relatives à la tâche ou au retard, pointez le trait correspondant.*

G- Niveler le projet par l'Inspecteur de tâche

▷ Soyez en affichage **Utilisation des ressources**.

▷ Affichez l'Inspecteur de tâche : onglet **TÂCHE** - bouton **Inspecter** (groupe **Tâches**).

*Vous pouvez aussi faire un clic droit sur le symbole situé dans la colonne **Indicateurs** d'une tâche concernée par une surutilisation de ressources puis cliquer sur l'option **Corriger dans l'inspecteur de tâches** du menu contextuel.*

▷ Cliquez, si besoin, sur la tâche à auditer pour afficher dans le volet **Inspecteur de tâche** les caractéristiques de la tâche ainsi que les suggestions qui lui sont associées.

Les options/suggestions proposées varient selon les difficultés de surutilisation rencontrées, et peuvent être présentées sous forme de boutons ou de conseils..

H- Niveler les ressources ou les tâches sélectionnées

Avant de lancer le nivellement, vérifiez les options de nivellement (cf. 5.3 - F - Régler le problème des surutilisations par le nivellement). En effet, si vous souhaitez par exemple niveler plusieurs ressources à la suite et conserver les résultats, veillez à décocher l'option ***Effacer les valeurs de nivellement avant de procéder au nivellement****.*

▷ Pour niveler une ou plusieurs ressources depuis un affichage de tâches (ex. Diagramme de Gantt), activez l'onglet **RESSOURCE** puis cliquez sur le bouton **Niveler la ressource** du groupe **Nivellement**.

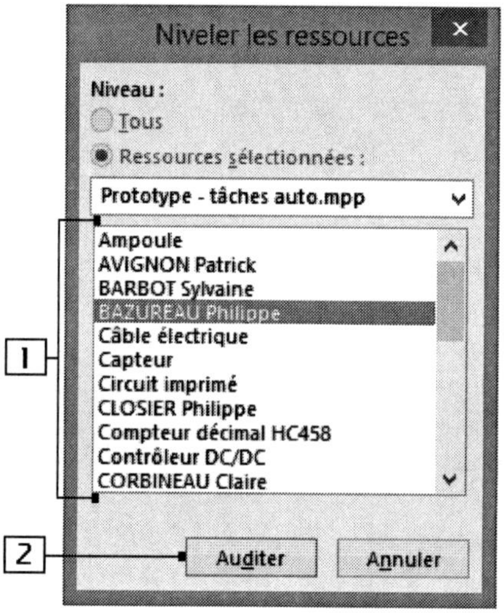

1 Sélectionnez la ou les ressources à niveler.

2 Lancez le nivellement des ressources.

▷ Pour niveler les tâches sélectionnées, activez l'onglet **RESSOURCE** puis cliquez sur le bouton **Niveler la sélection** du groupe **Nivellement**.

I- Annuler les résultats du nivellement

▷ Sélectionnez un affichage de tâches puis, si besoin, sélectionnez les tâches concernées.

▷ Onglet **RESSOURCE** - outil **Supprimer le nivellement** du groupe **Nivellement**.

Vous pouvez aussi cliquer sur le bouton ***Options de nivellement*** *puis sur le bouton* ***Supprimer le nivellement****.*

▷ Activez l'option **Ensemble du projet** ou **Tâches sélectionnées** selon le cas.

▷ Confirmez par le bouton **OK**.

⇨ *Project autorise désormais la suppression du nivellement depuis l'affichage de ressources, mais notez que dans ce cas toutes les valeurs du nivellement sont supprimées sans aucun message d'avertissement.*

J- Régler manuellement les problèmes de surutilisation

▷ Plusieurs possibilités s'offrent à vous pour régler manuellement les problèmes de surutilisations :

- Retarder une tâche en saisissant la valeur du décalage dans le champ **Retard de nivellement** de la tâche (champ accessible par l'onglet **AFFICHAGE** - bouton **Tables** - option **Plus de tables** - option **Retard**).
- Diviser les longues tâches en sous-tâches afin de procéder à des affectations plus précises des ressources.
- Sous-traiter la réalisation de certaines tâches : le problème des ressources n'est alors plus de votre ressort.
- Retarder le travail d'une ressource grâce au champ **Retard**.
- Augmenter la disponibilité des ressources par ajustement des calendriers de ressources avec l'autorisation d'heures supplémentaires.
- Ajouter des ressources dans l'intention de diminuer la durée des tâches.
- Remplacer les ressources par d'autres ressources plus disponibles.
- Optimiser l'utilisation des ressources.
- En affichage Diagramme de Gantt, vous pouvez aussi faire un clic droit sur le symbole rouge de surutilisation pour afficher le menu contextuel :

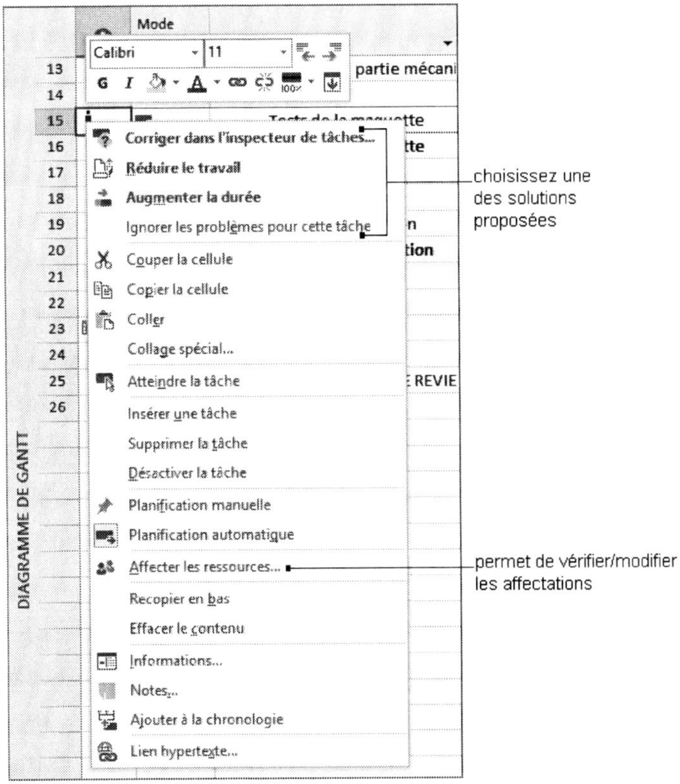

6.1 La gestion des tables

A- Découvrir les champs de Project

Le **champ** contient un type d'information et fait partie d'une table, d'un affichage fixe ou de la zone chronologique des affichages d'utilisation. Il en existe trois types :

- Le **champ de tâche** affiche des informations relatives à la tâche dans un Diagramme de Gantt, un Tableau des tâches ou un Réseau de tâches. Le **champ de chronologie des tâches** affiche également des informations relatives à la tâche, mais ces données sont réparties sur sa durée. Ce type de champ peut être affiché dans la partie chronologique de l'affichage Utilisation des tâches.
- Le **champ de ressource** affiche des informations sur chaque ressource dans les affichages Tableau des ressources et Utilisation des ressources. Le **champ de chronologie des ressources** affiche également des données sur chaque ressource, mais réparties sur la durée de la disponibilité de la ressource pour le projet. Ce type de champ peut être affiché dans la partie chronologique de l'affichage Utilisation des ressources.
- Le **champ d'affectation** affiche des informations sur chaque affectation dans la partie tableau des affichages Utilisation des tâches et Utilisation des ressources ainsi que dans le bas des fiches Tâche et Ressource. Le **champ de chronologie des affectations** affiche des données relatives à chaque affectation, réparties sur sa durée et il peut être affiché dans la partie chronologique des affichages Utilisation des tâches et Utilisation des ressources.

B- Créer/supprimer une table

Créer une nouvelle table

▷ S'il s'agit d'une table de tâches, soyez dans un affichage Tâches. Pour une table de ressources, soyez dans un affichage Ressources.

▷ Onglet **AFFICHAGE** - bouton **Tables** (groupe **Données**) - option **Plus de tables**

▷ Selon le type de table souhaité, activez l'option **Tâche** ou **Ressource**.

▷ Pour créer une toute nouvelle table, cliquez sur le bouton **Créer**.

Pour créer une table d'après une table existante, cliquez sur le nom de la table qui servira de modèle puis cliquez sur le bouton **Copier**.

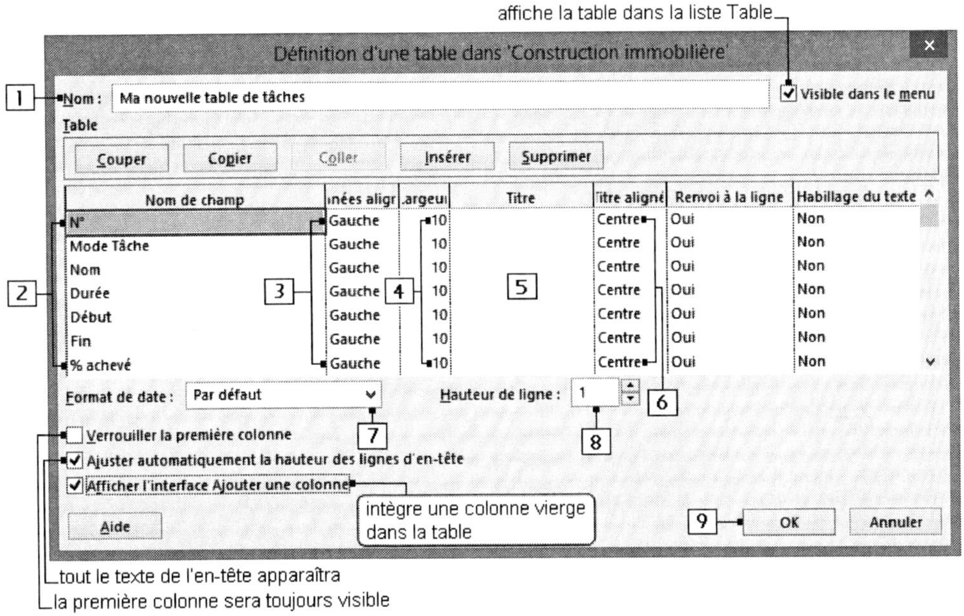

[1] Donnez un nom à la nouvelle table.

[2] Pour chaque colonne de la table, sélectionnez le nom de champ.

[3] Choisissez la position des données pour chaque colonne.

[4] Précisez la largeur qui sera attribuée par défaut à la colonne.

[5] Entrez, au besoin, le futur libellé de la colonne (si la cellule est vide, Project reprend le nom du champ en tant que libellé). Attention, si vous saisissez un titre car lors d'un tri, Project propose les noms de champ en tant que critères et non les libellés de colonnes.

[6] Au besoin, choisissez l'alignement attendu pour le titre de la colonne.

[7] Si les champs de type date doivent avoir un format particulier, choisissez-le.

[8] Au besoin, intervenez sur la hauteur des lignes.

[9] Créez la table.

▷ Cliquez sur **Appliquer** ou sur **Fermer**.

⇨ *Rappelons qu'il est possible de copier une table dans un autre projet (cf. 2.1 - H - Copier des éléments d'un projet/modèle vers un autre projet/modèle).*

Supprimer une table

▷ Onglet **AFFICHAGE** - groupe **Données** - bouton **Tables** - option **Plus de tables**

▷ Cliquez sur le bouton **Organiser** de la fenêtre **Plus de tables**.

▷ Veillez à ce que le projet contenant la table à supprimer soit bien actif ; dans le cas contraire, sélectionnez-le dans la liste **Tables disponibles dans**.

▷ Cliquez sur la table à supprimer afin de la sélectionner puis cliquez sur le bouton **Supprimer**.

▷ Confirmez la suppression par le bouton **Oui**.

C- Modifier le contenu d'une table

▷ Pour changer le contenu d'une colonne de la table affichée, faites un clic droit sur le nom de l'en-tête de colonne dont le contenu doit être changé, puis cliquez sur l'option **Paramètres de champ** du menu contextuel.

*Vous pouvez aussi cliquer sur le bouton **Paramètres de colonne** puis sur l'option **Paramètres de champ** (onglet **FORMAT** - groupe **Colonnes**).*

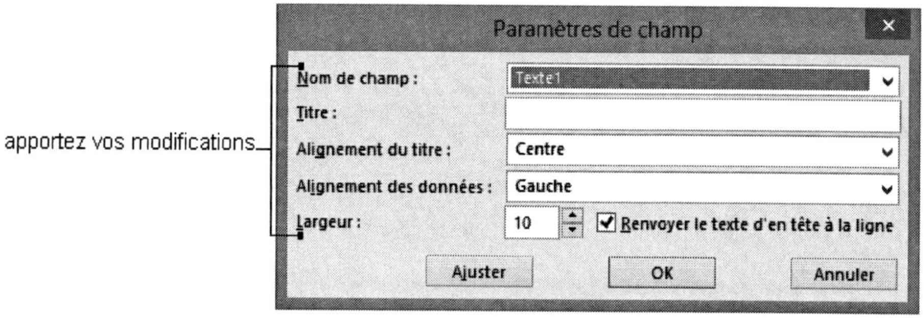

Insérer une colonne

▷ Cliquez sur l'en-tête de la colonne qui suivra la nouvelle colonne puis cliquez sur le bouton **Insérer une colonne** de l'onglet **FORMAT** - groupe **Colonnes** (ou [Inser]).

*Vous pouvez aussi cliquer sur l'en-tête **Ajouter une nouvelle colonne** si l'option **Afficher l'interface Ajouter une colonne** a été cochée dans les paramètres de la table (**Affichage - Tables - Plus de tables - Modifier**).*

▷ Cliquez, dans la liste déroulante qui s'affiche automatiquement, sur le nom du champ souhaité.

▷ Pour modifier les paramètres de cette nouvelle colonne, faites un clic droit sur l'en-tête de la colonne concernée puis cliquez sur l'option **Paramètres de champ**. Modifiez les paramètres souhaités puis cliquez sur **OK**.

Supprimer une colonne

▷ Faites un clic droit sur l'en-tête de la colonne à supprimer puis cliquez sur l'option **Masquer la colonne**.

*Vous pouvez aussi utiliser l'option **Masquer la colonne** du bouton **Paramètres de colonne** (onglet **FORMAT** - groupe **Colonnes**).*

Déplacer une colonne

▷ Cliquez sur l'en-tête de colonne à déplacer puis faites un cliqué-glissé vers l'emplacement souhaité.

D- Modifier la taille des colonnes et des volets

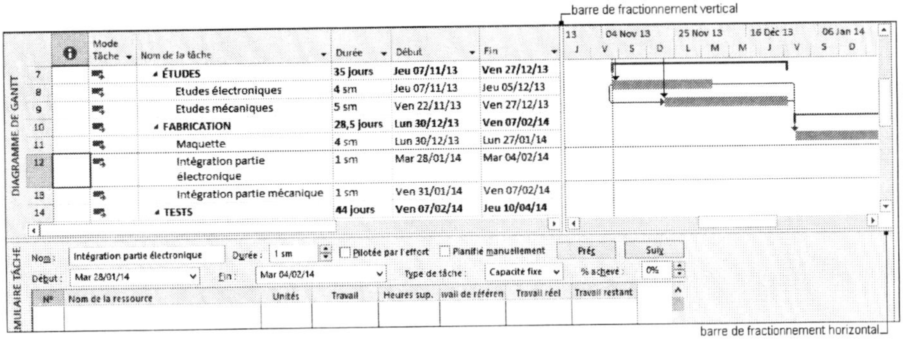

- ▷ Pour modifier la largeur des colonnes, positionnez le pointeur de la souris sur le trait vertical situé à droite du libellé de la colonne à modifier. Lorsque le pointeur de la souris se transforme en une flèche à deux têtes, réalisez un cliqué-glissé ou procédez à un double clic pour ajuster la largeur de la colonne à son entrée la plus large.
- ▷ Pour modifier le fractionnement des volets, placez la souris sur la barre de fractionnement adéquate puis réalisez un cliqué-glissé dans le sens souhaité.

⇨ *Un double clic sur la barre de fractionnement vertical la superpose à la barre de la colonne la plus proche.*

⇨ *Un double clic sur la barre de fractionnement horizontal supprime le fractionnement de la fenêtre.*

E- Quadriller une table

- ▷ Onglet **FORMAT** - bouton **Quadrillage** (groupe **Format**) - option **Quadrillage**.
- ▷ Choisissez le **Trait à modifier** dans la zone correspondante.
- ▷ Définissez sa mise en valeur à l'aide des options des zones **Normal** et **Intervalle**.

F- Modifier l'apparence des caractères

- ▷ S'il s'agit des caractères d'une cellule particulière de la table, faites un clic droit sur cette cellule pour afficher la mini barre d'outils.

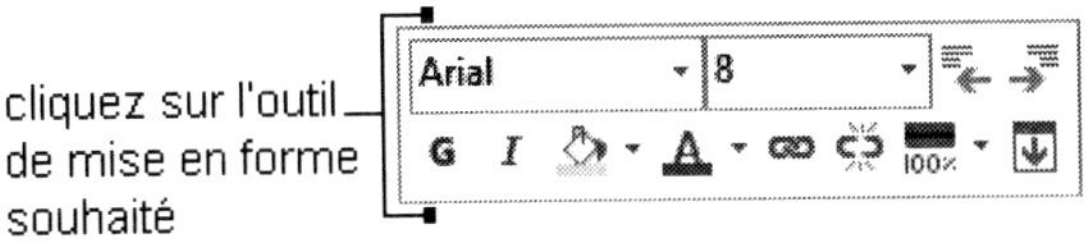

- ▷ S'il s'agit des caractères de données spécifiques, utilisez l'onglet **FORMAT** - bouton **Styles du texte** (groupe **Format**). Dans ce cas, choisissez l'**Élément à modifier** puis indiquez la **Police**, le **Style**, la **Taille** et si le texte doit être **Souligné** et/ou **Barré**.

  Modifiez, si nécessaire, la **Couleur** du texte, la **Couleur d'arrière-plan** ainsi que le **Motif d'arrière-plan**.

  Validez ou cliquez sur le bouton **OK**.

⇨ *Les changements d'aspect des tables concernent toutes les tables de la catégorie en cours (tâches ou ressources) et pas seulement la table en cours.*

6.2 Les filtres

A- Créer un filtre personnalisé

- Onglet **AFFICHAGE** - liste **Filtrer** - option **Autres filtres**
- Activez le type de filtre (**Tâche** ou **Ressource**).
- Cliquez sur le bouton **Créer**, **Modifier** ou **Copier** selon le cas.

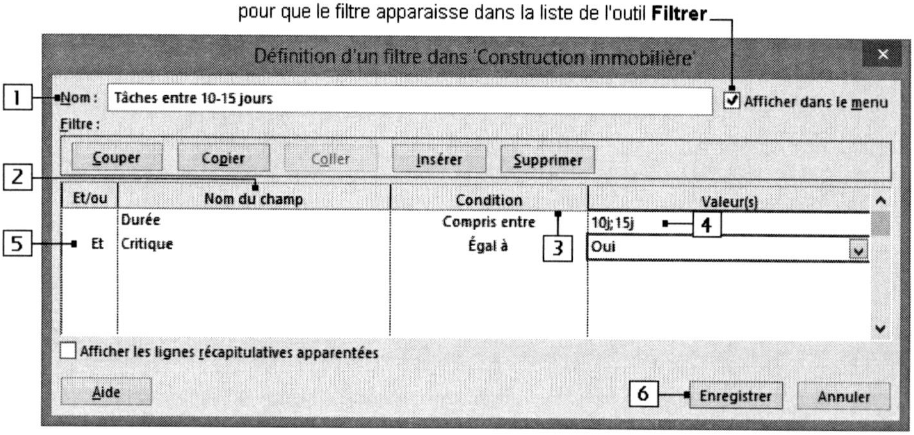

[1] Donnez un nom au filtre.

[2] Pour poser un critère, sélectionnez dans la liste le champ sur lequel repose le critère.

[3] Choisissez l'opérateur de comparaison dans la liste.

[4] Saisissez la ou les valeurs de comparaison. Pour les conditions **Compris entre** et **Non compris entre**, un intervalle doit être proposé. Tapez la **Valeur inférieure**, un point-virgule puis la **Valeur supérieure**. Vous pouvez aussi utiliser les caractères génériques ? et *. Pour comparer un champ, par rapport à un autre champ, ouvrez la liste : les noms y sont proposés entre crochets.

[5] Pour poser plusieurs critères de tri, indiquez si toutes les conditions doivent obligatoirement être satisfaites (**Et**) ou si l'une ou l'autre des conditions doit être vérifiée (**Ou**).

[6] Validez.

- Pour appliquer ce nouveau filtre, sélectionnez-le si besoin dans la liste puis cliquez sur **Appliquer** ; à l'inverse, cliquez sur **Fermer**.

⇨ *Pour créer un filtre interactif (permettant à l'utilisateur de préciser ses conditions), accédez à la cellule* ***Valeur(s)*** *de la condition concernée par l'interactivité puis saisissez entre guillemets le message qui guidera les utilisateurs. Après les seconds guillemets, sans espace, saisissez le point d'interrogation (exemple :* "Critique : Oui ou Non ?"? *).*

⇨ *Pour annuler l'application d'un filtre, dans l'onglet* ***AFFICHAGE****, ouvrez la liste de l'outil* ***Filtrer*** *du groupe* ***Données*** *puis cliquez sur l'option* ***Aucun filtre****.*

⇨ *Pour mettre en surbrillance les données filtrées et présenter ainsi différemment les lignes filtrées tout en continuant de visualiser les autres, utilisez l'onglet* ***AFFICHAGE*** *- liste* ***Surligner****. Si un des filtres proposés dans la liste vous convient, cliquez dessus. À l'inverse, cliquez sur l'option* ***Autres filtres de mise en surbrillance****, sélectionnez le filtre souhaité puis cliquez sur le bouton* ***Surbrillance****.*

Par défaut, les lignes filtrées s'affichent en jaune. Pour modifier cette couleur : onglet ***FORMAT*** *- groupe* ***Format*** *- bouton* ***Styles du texte - Élément à modifier : Tâches*** *(ou* ***Ressources****)* ***en surbrillance****.*

Pour annuler l'application du filtre, choisissez l'option ***Non surligné*** *dans la liste de l'outil .*

B- Utiliser les filtres automatiques

▷ Pour activer/désactiver l'accès aux filtres automatiques : onglet **AFFICHAGE** - liste **Filtrer** option **Afficher le filtre automatique**.

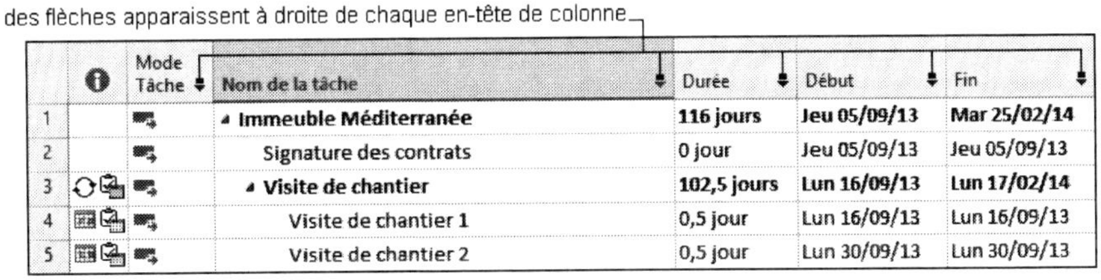

		Mode Tâche	Nom de la tâche	Durée	Début	Fin
1			◢ Immeuble Méditerranée	116 jours	Jeu 05/09/13	Mar 25/02/14
2			Signature des contrats	0 jour	Jeu 05/09/13	Jeu 05/09/13
3			◢ Visite de chantier	102,5 jours	Lun 16/09/13	Lun 17/02/14
4			Visite de chantier 1	0,5 jour	Lun 16/09/13	Lun 16/09/13
5			Visite de chantier 2	0,5 jour	Lun 30/09/13	Lun 30/09/13

▷ Pour filtrer sur une valeur d'une colonne, cliquez sur la flèche de la colonne concernée.

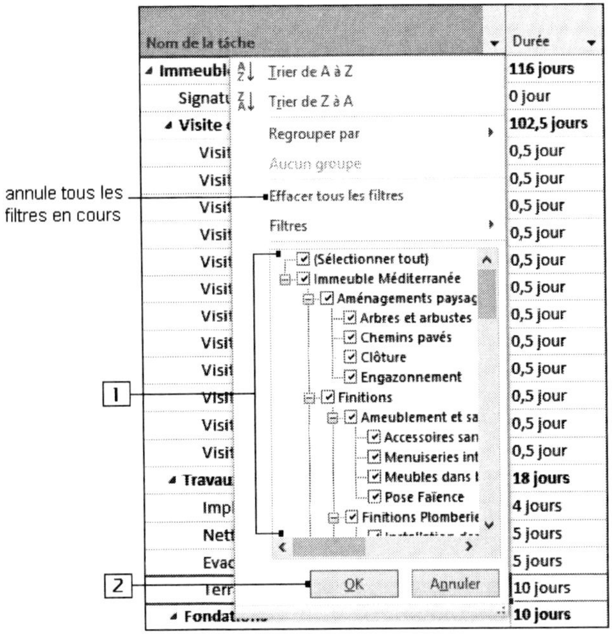

1 Cochez les cases dont les valeurs doivent être affichées et décochez celles dont les valeurs doivent être masquées ; pour afficher quelques valeurs, décochez l'option **(Sélectionner tout)** puis cochez les valeurs à afficher.

2 Appliquez le filtre.

Lorsqu'un filtre est en cours, la flèche de la liste déroulante apparaît sous la forme suivante : .

- Pour combiner deux critères avec un "ET" sur plusieurs champs, posez vos conditions dans chaque colonne concernée.
- Pour poser deux critères sur un même champ, cliquez sur la flèche de la colonne concernée et cliquez sur l'option **Filtres** puis sur **Personnalisé**.

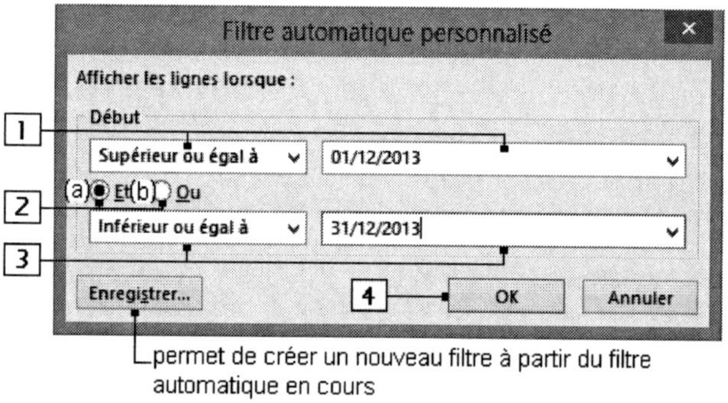

1 Posez votre première condition.

2 Précisez comment les critères doivent être combinés :

(a) Project filtre les données répondant simultanément à tous les critères.
(b) Project filtre les données répondant à l'un ou l'autre des critères.

3 Posez votre deuxième condition.

4 Appliquez le filtre.

C- Supprimer un filtre enregistré

- Onglet **FICHIER** - option **Informations** - bouton **Organisateur**
- Cliquez sur l'onglet **Filtres** puis activez l'option **Tâche** ou **Ressource** selon le cas.
- Cliquez dans la zone de droite (au-dessus du nom du projet actif) sur le filtre à supprimer.
- Cliquez sur le bouton **Supprimer** puis confirmez la suppression par le bouton **Oui**.

7.1 Les coûts

Les considérations de coût peuvent déterminer la rapidité d'exécution des tâches ainsi que la manière dont les ressources sont utilisées. La comparaison des coûts de fin de projet et des coûts prévus est une mesure du succès du projet. Project peut gérer des coûts liés aux tâches et liés aux ressources.

Les coûts sont calculés en fonction :

- *des **taux horaires normaux** et des **taux d'heures supplémentaires**.*
- *des **coûts d'utilisation** : forfait relatif à l'utilisation d'une ressource. Il peut remplacer ou être ajouté à un coût variable et à un taux horaire. Pour la ressource de type Travail, ce coût est alloué chaque fois que cette ressource est utilisée, alors que pour une ressource de type Consommable, il n'est alloué qu'une seule fois.*
- *des **coûts fixes** : ensemble des coûts d'une tâche qui restent fixes, indépendamment de la durée de la tâche ou du travail effectué par une ressource.*
- *des **coûts des ressources de coûts** : ressources qui ne dépendent pas de la quantité de travail pour une tâche ou la durée de la tâche.*

Pour une ressource Travail, le taux est appliqué dans une unité de temps, alors que pour une ressource Consommable ou Coût, il est appliqué sur d'autres unités spécifiées (telles que le mètre, le kg ou l'unité d'une devise sélectionnée).

A- Modifier le format des coûts

▹ Onglet **FICHIER** - **Options** - catégorie **Affichage**

modifiez les options souhaitées

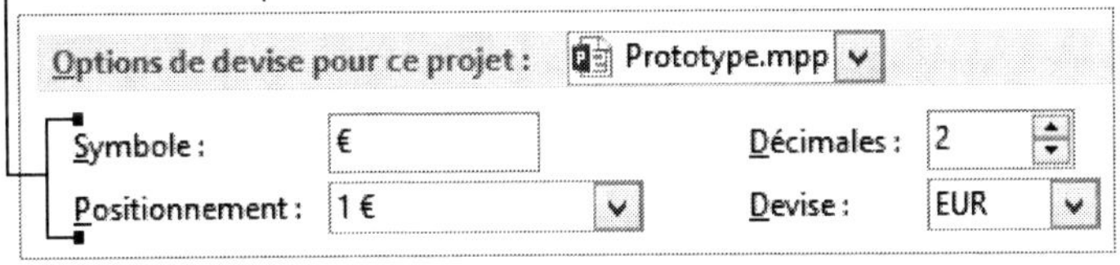

B- Saisir les coûts fixes d'une tâche ou d'un projet

Pour une tâche

▹ Activez l'affichage **Diagramme de Gantt**.

▹ Onglet **AFFICHAGE** - bouton **Tables** - option **Coût**

▹ Renseignez le **Coût fixe** des tâches dans la colonne correspondante.

▹ Dans la colonne **Allocation des coûts fixes**, choisissez quand et comment les coûts fixes doivent être facturés ou alloués aux tâches : **Début**, **Proportion**, **Fin**.

⇨ *Le champ calculé **Coût total** intègre les coûts fixes des tâches.*

Pour un projet

Il est possible de renseigner un coût fixe global d'un projet, ce qui peut s'avérer pratique si vous ne connaissez pas les coûts de toutes les tâches, ou si vous souhaitez inclure dans le coût des frais généraux concernant le projet (ex: frais d'électricité).

▷ En affichage **Diagramme de Gantt**, si besoin, sélectionnez la table **Coût** (onglet **AFFICHAGE** - bouton **Tables** - option **Coût**).

▷ Affichez (si ce n'est déjà fait) la **Tâche récapitulative du projet** en cochant l'option du même nom située dans l'onglet **FORMAT** (groupe **Afficher/Masquer**).

▷ Sélectionnez, dans la colonne **Nom de la tâche**, la tâche récapitulative du projet.

▷ Saisissez le coût du projet dans le champ **Coût fixe**.

C- Saisir les coûts fixes liés aux ressources Travail

▷ Soyez en affichage **Tableau des ressources** : onglet **AFFICHAGE** - groupe **Affichage des ressources** - bouton **Tableau des ressources**.

▷ Sélectionnez ou saisissez le **Nom de la ressource** concernée.

Groupe	Capacité max.	Tx. standard [1]	Tx. hrs. sup. [2]	Coût/Utilisatio [3]	Allocatio [4]
	1	20,00 €/hr	0,00 €/hr	0,00 €	Proportion
OUV	3	22,00 €/hr	0,00 €/hr	0,00 €	Proportion
OUV	2	20,00 €/hr	24,00 €/hr	0,00 €	Proportion
MAT	1	150,00 €/hr	0,00 €/hr	0,00 €	Proportion
MAT	1	0,00 €/hr	0,00 €/hr	700,00 €	Fin
	1	25,00 €/hr	0,00 €/hr	0,00 €	Proportion

[1] Saisissez le taux de salaire pour le travail "normal" effectué par cette ressource. Cette valeur sera multipliée par le travail réel afin de calculer le coût de ce travail. Pour effectuer la saisie, respectez cette syntaxe **taux/unité de temps** (par exemple : **25/h** correspond à un taux de 25 € de l'heure).

[2] Renseignez le taux monétaire appliqué aux heures supplémentaires effectuées par la ressource.

[3] Renseignez le coût d'usage fixe de chaque unité de la ressource. Ce montant est ajouté chaque fois qu'une unité de la ressource est affectée à une tâche. Il s'agit d'une somme forfaitaire indépendante de la durée d'utilisation de la ressource.

[4] Renseignez la méthode de comptabilisation des dépenses, en choisissant l'option :

Début les dépenses sont comptabilisées dès que la tâche démarre.
Fin les dépenses ne sont comptabilisées que lorsque le travail restant est égal à zéro.
Proportion les coûts sont affectés au fur et à mesure que le travail est censé être effectué selon les prévisions.

⇨ *Les taux de salaire (taux standard et heures sup.) peuvent être également renseignés dans la boîte de dialogue **Informations sur la ressource** - onglet **Coûts**.*

⇨ *Par défaut, Project propose des coûts de ressources à zéro. Si vous disposez dans votre projet d'un coût standard, renseignez-le par l'onglet **FICHIER** - option **Options** - catégorie **Options avancées**. Utilisez la zone **Taux standard par défaut** pour le taux horaire et la zone **Taux heures sup. par défaut**. Ces changements ne concerneront que les ressources créées après cette manipulation.*

D- Saisir les coûts fixes liés aux ressources Consommable

- Affichez le **Tableau des ressources**.
- Onglet **AFFICHAGE** - bouton **Tables** - option **Entrée**
- Sélectionnez la ressource concernée.

Type	Étiquette Matériau	Initiales	Groupe	Capacité max.	Tx. standard	Tx. hrs. sup.	Coût/Utilisatior	Allocatio
Consommable	boîte 6	AM	Cons		3,59 €		0,00 €	Proportion
Consommable	unité	RO	Cons		29,00 €		0,00 €	Proportion
Consommable	unité	MO	Cons		65,54 €		0,00 €	Proportion
Consommable	unité	CI	Cons		192,00 €		0,00 €	Proportion
Consommable	unité	CD	Cons		89,40 €		590,00 €	Proportion
Consommable	bobine	CAB	Cons		(a) 2,55 €	(b)	(c) 0,00 €	Proportion

[1] (Étiquette Matériau) — [2] (Tx. standard à Coût/Utilisation)

[1] Complétez, si nécessaire, l'unité de mesure utilisée par la ressource de type Consommable.

[2] Renseignez les taux horaires de la ressource (a et b) ou le coût d'utilisation à imputer une seule fois à la tâche liée à cette ressource (c).

E- Saisir les coûts liés aux ressources de type Coût

Pour saisir un coût lié à une ressource de type Coût, cette dernière doit avoir été créée et affectée à une tâche.

- Onglet **AFFICHAGE** - groupe **Affichage des tâches** - partie supérieure du bouton **Utilisation des tâches**
- Sélectionnez la tâche à laquelle la ressource Coût a été affectée, puis affichez, si ce n'est déjà fait, la liste des ressources affectées à cette tâche.
- Cliquez sur la ressource Coût pour laquelle vous souhaitez saisir un coût, puis sur le bouton **Informations sur l'affectation** (onglet **FORMAT** - groupe **Affectation**) ou ⇧ F2.
- Activez l'onglet **Général**.
- Saisissez le **Coût** de la ressource dans le champ correspondant puis validez par **OK**.

F- Choisir la méthode d'allocation des coûts

La méthode d'allocation des coûts détermine le moment où le coût d'une ressource est engagé et où les coûts réels sont appliqués au projet.

Méthode d'allocation du coût d'une ressource

- Affichez le **Tableau des ressources** (icône située à gauche du zoom de la barre d'état).
- Cliquez sur le **Nom de la ressource** concernée puis cliquez sur le bouton **Informations sur la ressource** (onglet **RESSOURCE** - groupe **Propriétés**).
- Activez l'onglet **Coûts**.

- Ouvrez la liste déroulante **Allocation des coûts** puis choisissez la méthode de comptabilisation des dépenses :

Début Les dépenses sont comptabilisées dès que la tâche démarre.
Proportion Les coûts sont affectés au fur et à mesure que le travail est censé être effectué selon les prévisions.
Fin Les dépenses ne sont comptabilisées que lorsque le travail restant est égal à zéro.

Méthode d'allocation du coût fixe d'une nouvelle tâche

- Onglet **FICHIER** - option **Options** - catégorie **Échéancier**
- Ouvrez la liste déroulante **Allocation des coûts fixes par défaut** puis choisissez la méthode d'allocation à appliquer à toutes les nouvelles tâches de ce projet (**Proportion - Début - Fin**).
- Cliquez sur le bouton **OK** pour valider.

Méthode d'allocation du coût fixe des tâches existantes

- Sélectionnez **Tableau des tâches** dans la liste des **Affichages** (onglet **TÂCHE** - liste du bouton **Diagramme de Gantt** - option **Plus d'affichages**) puis cliquez sur le bouton **Appliquer**.
- Affichez la table **Coût** (onglet **AFFICHAGE** - groupe **Données** - bouton **Tables**).
- Pour chaque tâche, modifiez si besoin la méthode d'**Allocation des coûts fixes** à l'aide du champ correspondant.

Notez que la méthode ainsi choisie influe uniquement sur la méthode d'allocation des coûts fixes, c'est-à-dire ceux qui restent fixes indépendamment de la durée de la tâche ou du travail effectué par une ressource.

G-Affecter différents taux de coûts à des ressources

- En affichage Tableau des ressources, réalisez un double clic sur la ressource concernée par une future augmentation (ou diminution) de salaire.

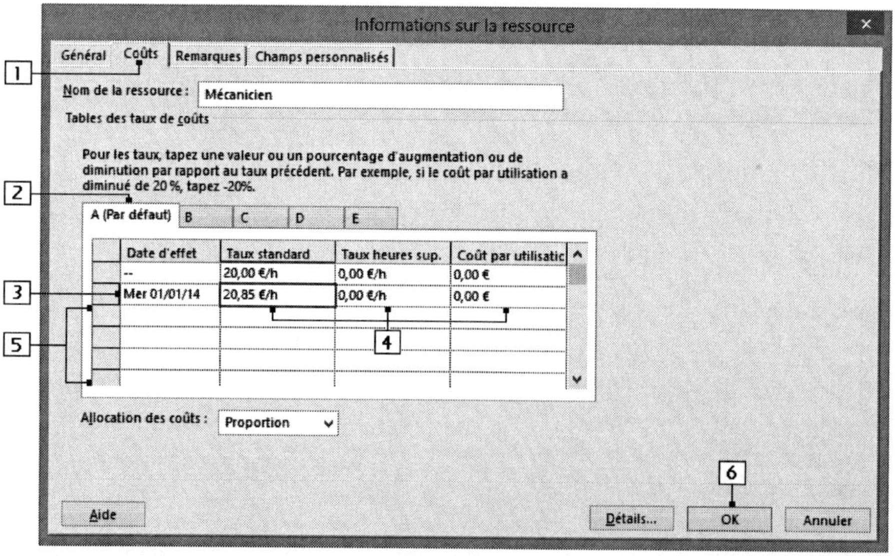

1 Activez cet onglet.

2 Choisissez la table **A**.

3 Renseignez la date de prise d'effet du nouveau taux.
La première ligne doit rester inchangée.

4 Saisissez les nouveaux taux ou entrez les pourcentages d'augmentation (ou de diminution). Dès que vous validez un pourcentage, Project calcule le nouveau taux.

5 Si d'autres nouveaux taux doivent être entrés, spécifiez-les dans ces lignes.

6 Validez.

H- Exploiter plusieurs tables de coûts d'une ressource Travail

▷ Pour créer une table, réalisez un double clic sur la ressource concernée et activez l'onglet **Coûts**. Choisissez la **Table des taux de coûts** à renseigner en cliquant sur son onglet : **A (Défaut)**, **B**, **C**, **D** ou **E**. Renseignez les différents coûts de la table choisie et validez (cf. titre précédent).

▷ Pour choisir la table à utiliser, ouvrez la liste du bouton **Planificateur d'équipe** (onglet **RESSOURCE**) puis cliquez sur l'option **Utilisation des ressources**. Réalisez un double clic sur l'affectation concernée par une autre table de coûts. Dans l'onglet **Général**, ouvrez la liste **Table des taux de coûts** et sélectionnez la table à utiliser.

⇒ *Pour supprimer une valeur saisie dans un des champs de la **Table des taux de coûts**, remplacez la valeur à supprimer par zéro.*

I- Filtrer les tâches dont le coût excède une valeur précise

▷ Affichez les tâches.

▷ Ouvrez la liste **Filtrer** (onglet **AFFICHAGE**) - option **Autres filtres** puis sélectionnez **Coût supérieur à** avant de valider par le bouton **Appliquer**.

▷ Tapez la valeur de référence et validez.

⇒ *Pour afficher de nouveau toutes la liste des tâches, choisissez **Aucun filtre** dans la liste **Filtrer**.*

7.2 L'analyse des coûts

A- Pourquoi et comment analyser la valeur acquise

Avant de procéder à l'analyse de la valeur acquise

▷ Enregistrez une **planification de référence** pour que Project puisse calculer le coût budgété du travail prévu avant que du travail réel ne soit entré (cf. 9.1 - C - Enregistrer une planification de référence).

▷ Mettez à jour les valeurs du **Travail réel** pour les tâches et les affectations qui sont concernées (cf. 9.1 - Le suivi du projet).

▷ Définissez la **Date d'état** du projet pour que Project puisse calculer les performances du projet jusqu'à cette date (onglet **PROJET** - bouton **Informations sur le projet**).

*La **Date d'état** est utilisée pour effectuer des calculs d'audit des coûts, identifier la date d'achèvement dans la boîte de dialogue **Mettre à jour le projet** et afficher les courbes d'avancement.*

Sur quelles bases Project effectue ses calculs ?

Project fait l'analyse de l'audit des coûts à partir des valeurs clés suivantes :

- Le Coût Budgété du Travail Prévu (CBTP) (champ **VP**) qui est calculé en additionnant toutes les valeurs de planification initiale chronologique des tâches jusqu'à la date d'état. On obtient alors la quantité de travail prévu qui doit être achevée à cette date.
- Le Coût Réel du Travail Effectué (champ **CRTE**) qui correspond au coût réel engagé pour accomplir le travail réel de toutes les tâches jusqu'à la date d'état.
- Le Coût Budgété du Travail Effectué ou valeur acquise (champ **CBTE**) ou la Valeur Acquise (champ **VA**) qui correspond au pourcentage du coût budgété qui aurait dû être dépensé pour accomplir le travail réel effectué de toutes les tâches jusqu'à la date d'état.

En comparant les séries de données CBTP et CRTE à la série de données CBTE, on obtient différents indicateurs le plus souvent désignés par leur abréviation anglaise :

CBTE - CBTP = Ecart de prévision ou **SV** (pour Schedule Variance)

CBTE - CRTE = Ecart de coûts ou **CV** (pour Cost Variance)

CBTE/CBTP = Indice de Performance de Prévision ou **SPI** (pour Schedule Performance Index)

CBTE/CRTE = Indice de Performance de Coût ou **CPI** (pour Cost Performance Index).

D'une manière générale, vous disposez dans Project de trois champs différents pour saisir une mise à jour :

- **% achevé = Durée réelle / Durée**
- **% travail achevé = Travail réel / Travail**
- **% physique achevé** = ce champ (indépendant des deux champs précédents) peut être utilisé comme critère de calcul de la Valeur Acquise.

*Rappelons que pour avoir la possibilité de saisir vous-même le **Travail réel** lors de l'avancement du projet, l'option **La mise à jour de l'état des tâches met à jour l'état des ressources** doit être décochée (onglet **FICHIER** - option **Options** - catégorie **Échéancier**).*

Modifier le critère de calcul de la Valeur Acquise

▷ Onglet **FICHIER** - option **Options** - catégorie **Options avancées**

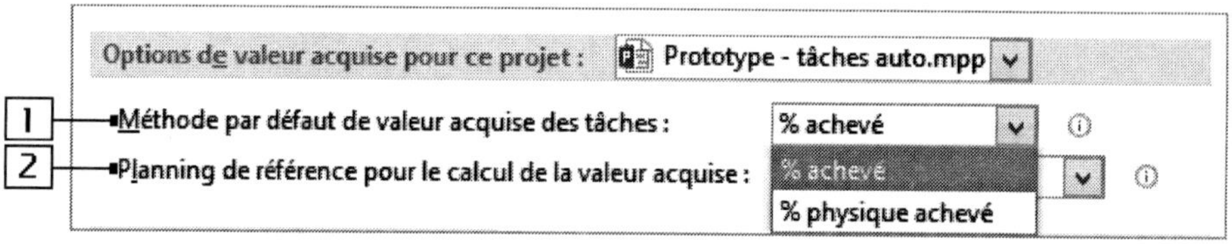

[1] Choisissez la méthode à utiliser pour calculer le coût budgété du travail effectué (champ CBTE) :

% achevé Pour que Project utilise le pourcentage achevé de chaque tâche pour les calculs d'audit des coûts. Selon la manière dont vous assurez le suivi du travail réel de votre projet, vous pouvez saisir le pourcentage directement ou vous pouvez laisser Project le calculer.

% physique achevé Pour que Project utilise le pourcentage achevé physique de chaque tâche pour les calculs d'audit des coûts. Ce pourcentage est, quant à lui, toujours une valeur entrée. Vous utiliserez le pourcentage achevé physique lorsque le pourcentage achevé n'est pas une mesure réelle du travail réel effectué ou restant.

[2] Si vous souhaitez faire l'analyse d'audit des coûts à une date précise, sélectionnez la planification correspondant aux valeurs qui seront utilisées par Project pour effectuer les calculs d'audit des coûts.

▷ Validez par **OK**.

Notez que la mise à jour d'un projet en fonction de l'avancement physique nécessite une double mise à jour car, contrairement à la Durée réelle et le Travail réel qui peuvent être liés ou pas, l'avancement physique est toujours indépendant.

B- Utiliser les tables d'analyse de la Valeur Acquise

Afficher les indicateurs de planification de la Valeur acquise

▷ Soyez en affichage Diagramme de Gantt.

▷ Affichez la table **Indicateurs de planification de la valeur acquise** (onglet **AFFICHAGE** - bouton **Tables** - **Plus de tables**).

DIAGRAMME DE GANTT

	Nom de la tâche	Valeur Planifiée - VP	Valeur acquise - VA (CBTE)	ED	ED%	IPP
30	**◢ Traitement extérieur des murs**	**6 664,00 €**	**4 080,00 €**	**-2 584,00 €**	**-39%**	**0,61**
31	Bardage	6 058,18 €	4 080,00 €	-1 978,18 €	-33%	0,67
32	Enduit	0,00 €	0,00 €	0,00 €	0%	0
33	**◢ Second œuvre**	**7 616,00 €**	**7 328,00 €**	**288,00 €**	**-4%**	**0,96**
34	**◢ Chauffage, Climatisation, Plomberie, Electricité**	**7 616,00 €**	**7 328,00 €**	**-288,00 €**	**-4%**	**0,96**
35	Installation du chauffage	1 134,00 €	1 134,00 €	0,00 €	0%	1
36	Climatisation	5 600,00 €	5 600,00 €	0,00 €	0%	1
37	Pose des compteurs	882,00 €	594,00 €	-288,00 €	-33%	0,67
38	Téléphone, Télé-surveillance & Installation électrique	0,00 €	0,00 €	0,00 €	0%	0

▷ Voyons de quelles informations nous disposons grâce à cette table :

- La **Valeur planifiée - VP (CBTP)** est le Coût Budgété du Travail Prévu jusqu'à la date d'état du projet. C'est la part du budget qui aurait dû être dépensée si l'on avait travaillé en conformité avec la planification initiale : CBTP = % achevé planifié x BAC

  Attention : Microsoft Project fait le calcul sur les durées écoulées et non sur les durées travaillées.

- La **Valeur acquise - VA (CBTE)** est le Coût Budgété du Travail Effectué : CBTE = % achevé x BAA

- La colonne **ED** (Ecart de Délai) affiche la différence entre le coût budgété du travail effectué (VA) et le coût budgété du travail prévu (VP), soit ED = VA - VP. Il s'agit donc de la variation de prévisions de la valeur acquise, c'est-à-dire la différence entre l'état d'avancement et la planification initiale d'une tâche, de l'ensemble des tâches affectées à une ressource ou d'une affectation jusqu'à la date d'état ou jusqu'à la date du jour.

- La colonne **ED%** contient, en pourcentage, le rapport entre la variation des prévisions (écart de délai) par rapport au coût budgété du travail prévu (VP). Ce pourcentage indique si le niveau d'achèvement de la (des) tâche(s) est en avance ou en retard par rapport à la planification initiale. ED% = (ED/VP) x 100.

- La colonne **IPP** contient l'Indice de Performance des Prévisions. En fait, il s'agit de la valeur acquise (VA) divisée par la valeur planifiée (VP). Cet indice est un moyen courant de comparer les performances de prévision d'audit des coûts des tâches, des tâches récapitulatives ou du projet. Lorsque les deux valeurs sont égales, l'IPP est égal à 1,0.

⇨ *Pour obtenir de l'aide sur un champ d'audit des coûts (ou tout champ de table dans Project), pointez l'en-tête de colonne concernée pour afficher l'info-bulle contenant des informations spécifiques.*

Afficher les indicateurs de coûts de la Valeur acquise

▷ Soyez en affichage **Tableau des tâches**.

▷ Affichez la table **Indicateurs de coût de la valeur acquise** (onglet **AFFICHAGE** - bouton **Tables** - **Plus de tables**).

DIAGRAMME DE GANTT

	Nom de la tâche	Valeur Planifiée - VP	Valeur acquise - VA (CBTE)	VC	VC%	IPC	BAA	EAA	VAA	TCPI
30	**◢ Traitement extérieur des murs**	**6 664,00 €**	**4 080,00 €**	**-408,00 €**	**-10%**	**0,91**	**21 700,00 €**	**23 870,02 €**	**-2 170,02 €**	**1,02**
31	Bardage	6 058,18 €	4 080,00 €	-408,00 €	-10%	0,91	19 040,00 €	20 944,02 €	-1 904,02 €	1,03
32	Enduit	0,00 €	0,00 €	0,00 €	0%	0	2 660,00 €	2 660,00 €	0,00 €	1
33	**◢ Second œuvre**	**7 616,00 €**	**7 328,00 €**	**-99,00 €**	**-1%**	**0,99**	**24 380,00 €**	**24 709,37 €**	**-329,37 €**	**1,01**
34	**◢ Chauffage, Climatisation, Plomberie, Electricité**	**7 616,00 €**	**7 328,00 €**	**-99,00 €**	**-1%**	**0,99**	**13 754,00 €**	**13 939,82 €**	**-185,82 €**	**1,02**
35	Installation du chauffage	1 134,00 €	1 134,00 €	0,00 €	0%	1	1 134,00 €	1 134,00 €	0,00 €	1
36	Climatisation	5 600,00 €	5 600,00 €	0,00 €	0%	1	5 600,00 €	5 600,00 €	0,00 €	1
37	Pose des compteurs	882,00 €	594,00 €	-99,00 €	-17%	0,86	1 764,00 €	2 058,00 €	-294,00 €	1,09
38	Téléphone, Télé-surveillance & Installation électrique	0,00 €	0,00 €	0,00 €	0%	0	5 256,00 €	5 256,00 €	0,00 €	1

▷ Voyons de quelles informations nous disposons grâce à cette table :

- Comme pour la table d'indicateurs de planification (voir titre précédent), les colonnes **Valeur planifiée - VP** et **Valeur acquise - VA (CBTE)** apparaissent dans cette table car il s'agit de valeurs clés tant pour les indicateurs de planification que pour les indicateurs de coûts.
- La colonne **VC** correspond à la différence entre le CBTE (**Valeur acquise - VA (CBTE)**) et le CRTE (Coût réel du travail effectué) (ce dernier n'apparaît que dans la table **Valeur acquise**), c'est-à-dire à la Variation des Coûts. VC = VA - CRTE
- La colonne **VC%** contient, en pourcentage, le rapport entre la variation des coûts (VC) par rapport à la valeur acquise (VA). En fait, cette valeur indique, pour chaque tâche, la différence entre le coût réel et le budget. VC% = (VC / VA) x 100
- La colonne **IPC** correspond à l'Indice de Performance des Coûts. IPC = VA / CRTC
- La colonne **BAA** contient le Budget A l'Achèvement. Il s'agit, en fait, du coût total de planification initiale d'une tâche, d'une tâche récapitulative ou du projet à la date d'achèvement de ce dernier.
- La colonne **EAA** (Estimation A l'Achèvement) contient le coût total attendu d'une tâche en fonction des performances jusqu'à la date d'état. EAA = CRTE + (Coût planifié x - VA) / IPC
- La colonne **VAA** contient la Variation A l'Achèvement, c'est-à-dire la différence entre le budget à l'achèvement (BAA) ou le coût de référence et l'estimation à l'achèvement (EAA).
- La colonne **TCPI** contient l'indice des performances à achever. Il représente le rapport entre le travail restant et le budget restant à la date d'état.

Afficher la table Valeur acquise

- Soyez dans un affichage de tâches ou de ressources selon l'audit à effectuer.
- Onglet **AFFICHAGE** - bouton **Tables** - option **Plus de tables** - table **Valeur acquise** - bouton **Appliquer**
- La colonne **EAA** (Estimation A l'Achèvement) représente le coût total de la tâche.
- Si vous enregistrez la planification initiale du projet (onglet **PROJECT** - groupe **Planifier** - bouton **Définir le planning de référence** - option **Définir le planning de référence**), la colonne EAA est copiée dans la colonne **BAA** (Budget A l'Achèvement) qui correspond au champ **Coût planifié**. Désormais, il s'agira de la référence pour la période.
- Les champs **Valeur planifiée - VP**, **Valeur acquise - VA (CBTE)** et **VC** ont déjà été décrits dans les sous-titres précédents.
- La colonne **CR (CRTE)** est le Coût Réel du Travail Effectué ; il représente le coût réel des tâches.
- Le champ **VS** (earned Value Schedule variance) est la variation entre l'avancement actuel et l'avancement planifié d'une tâche, en termes de coûts : VS = VA - VP
- Le champ **VAA** est la différence entre le coût réel et le coût prévu.

⇨ *Vous pouvez créer un rapport de la valeur acquise en choisissant le rapport prédéfini **Rapport de la valeur acquise** (onglet **RAPPORT** - groupe **Afficher les rapports** - bouton **Coûts**) ; pour plus de détails concernant la création d'un rapport, reportez-vous au titre 8.2 - A - Créer un rapport.*

8.1 L'impression

A- Personnaliser une mise en page

- Onglet **FICHIER** - option **Imprimer** - lien **Mise en page** situé en bas de la partie centrale
- Pour modifier les marges, activez l'onglet **Marges** puis modifiez les valeurs des zones **Haut**, **Bas**, **Gauche** et/ou **Droite**.
- Pour modifier l'encadrement des pages, dans l'onglet **Marges**, activez l'option souhaitée dans la zone **Encadrement**.
- Pour modifier les en-têtes/pieds de page, activez l'onglet **En-tête** ou l'onglet **Pied de page**.

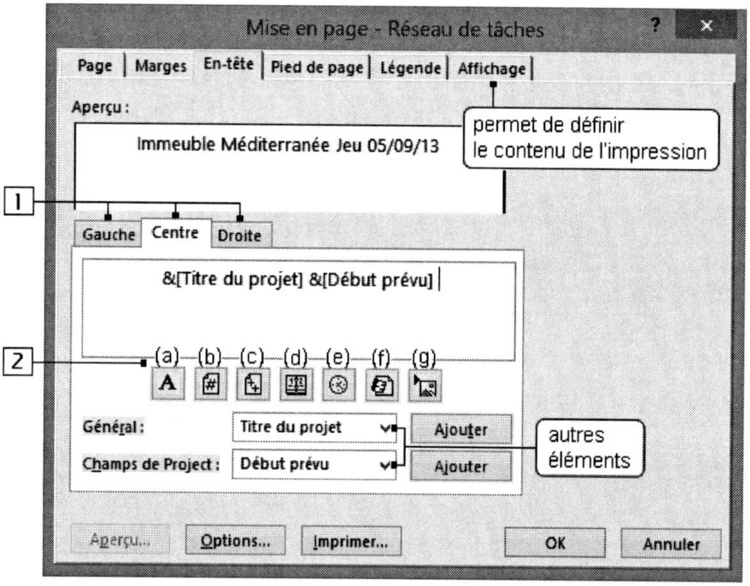

[1] Activez l'onglet correspondant à l'alignement souhaité.

[2] Entrez le texte de l'en-tête ou du pied de page ; au besoin, utilisez les outils suivants :

(a) police
(b) numéro de page
(c) nombre total de pages
(d) date
(e) heure
(f) nom du fichier
(g) image

- Pour modifier la légende, activez l'onglet **Légende**. Pour définir l'en-tête global de la légende, procédez comme pour une création d'en-tête ou de pied de page. Définissez le lieu d'apparition de cette légende à l'aide des options **Légende sur**, sa largeur dans la zone **Largeur** et son aspect à l'aide du bouton **Formats de légende**.
- Cliquez sur le bouton **OK** puis lancez éventuellement l'impression.

B- Modifier l'orientation/la mise à l'échelle d'un document

- Onglet **FICHIER** - option **Impression** - lien **Mise en page** situé en bas de la partie centrale
- Activez l'onglet **Page**.

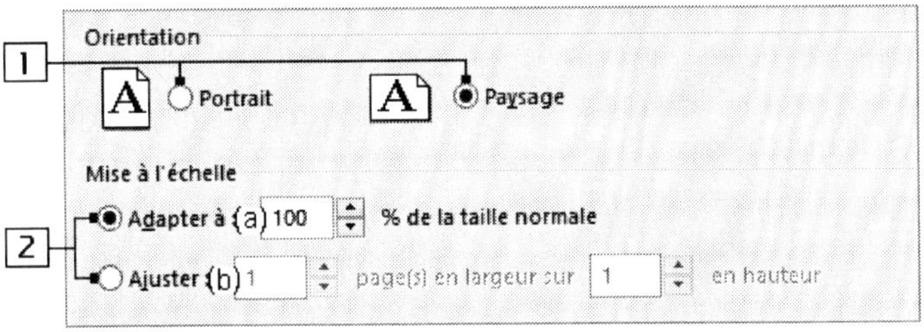

1 Choisissez l'orientation voulue.

2 Modifiez si nécessaire l'échelle de l'affichage, soit en saisissant un pourcentage de réduction ou d'agrandissement qui sera appliqué à l'impression (a), soit en ajustant la taille afin que toutes les données d'un affichage apparaissent sur un nombre de page spécifié (b).

- Cliquez sur **OK** puis lancez éventuellement l'impression.

8.2 Les rapports

A- Créer un rapport

La version 2013 de Project vous permet de créer et de personnaliser très facilement des rapports dans lesquels seront illustrées n'importe quelles données de votre projet à l'aide de graphiques et/ou de tableaux.

Utiliser un rapport prédéfini

- Ouvrez le projet pour lequel vous souhaitez créer un rapport.

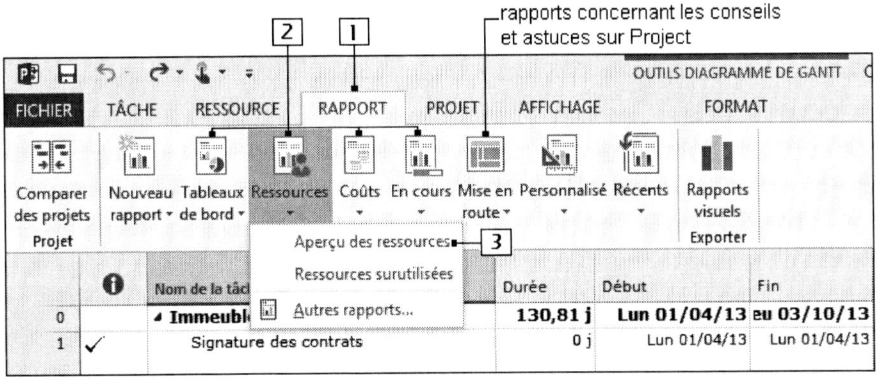

1 Activez l'onglet **RAPPORT**.

[2] Cliquez sur le bouton correspondant au type de rapport souhaité.

[3] Cliquez sur le nom du rapport à utiliser.

Project fait une copie du rapport prédéfini dans votre fichier projet.

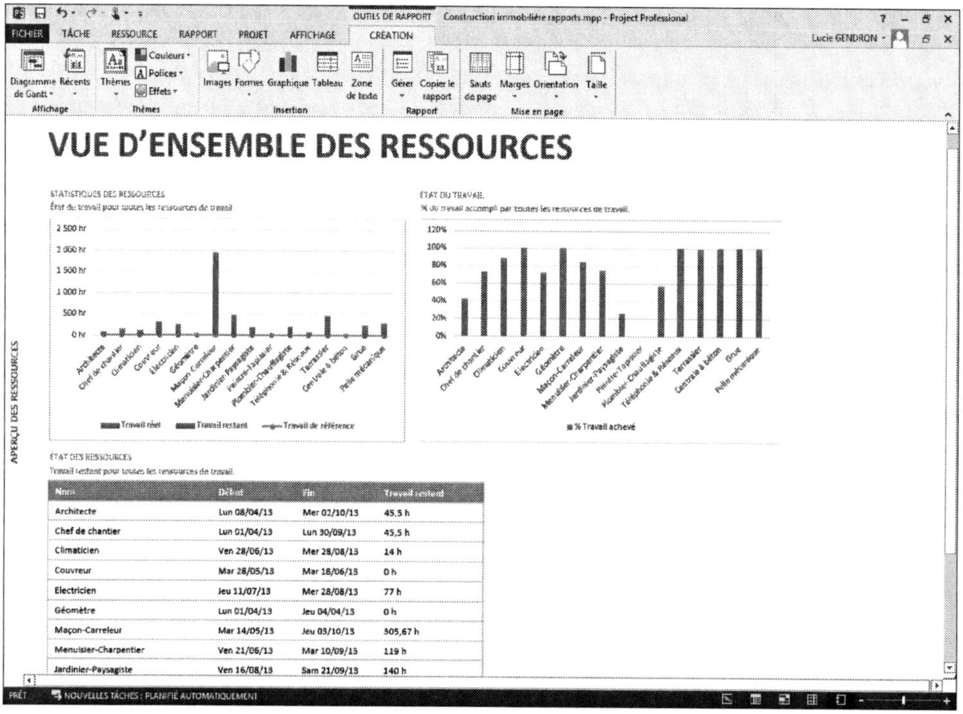

Le rapport ci-dessus ***Aperçu des ressources*** *affiche deux graphiques et un tableau.*

▷ Modifiez éventuellement les données à afficher dans le rapport et/ou son apparence (vous trouverez les titres correspondants plus loin dans ce chapitre).

Il n'est pas nécessaire d'enregistrer le rapport. En effet, si vous passez en affichage Diagramme de Gantt par exemple et que vous affichez de nouveau le rapport créé précédemment, les modifications de données ou d'apparence apportées au rapport sont toujours visibles.

▷ Enregistrez les modifications apportées à votre projet.

⇨ *Les rapports sont mis à jour automatiquement au fur et à mesure de la modification du projet correspondant.*

Créer un rapport personnalisé

▷ Onglet **RAPPORT** - groupe **Afficher les rapports** - bouton **Nouveau rapport**

▷ Cliquez sur le modèle se rapprochant le plus du rapport à créer : **Vide**, **Graphique**, **Tableau** ou **Comparaison**.

▷ Saisissez le nom du rapport dans la boîte de dialogue qui s'affiche puis cliquez sur **OK**.

*Le rapport s'affiche à l'écran, son contenu diffère selon le modèle choisi (ici **Tableau**).*

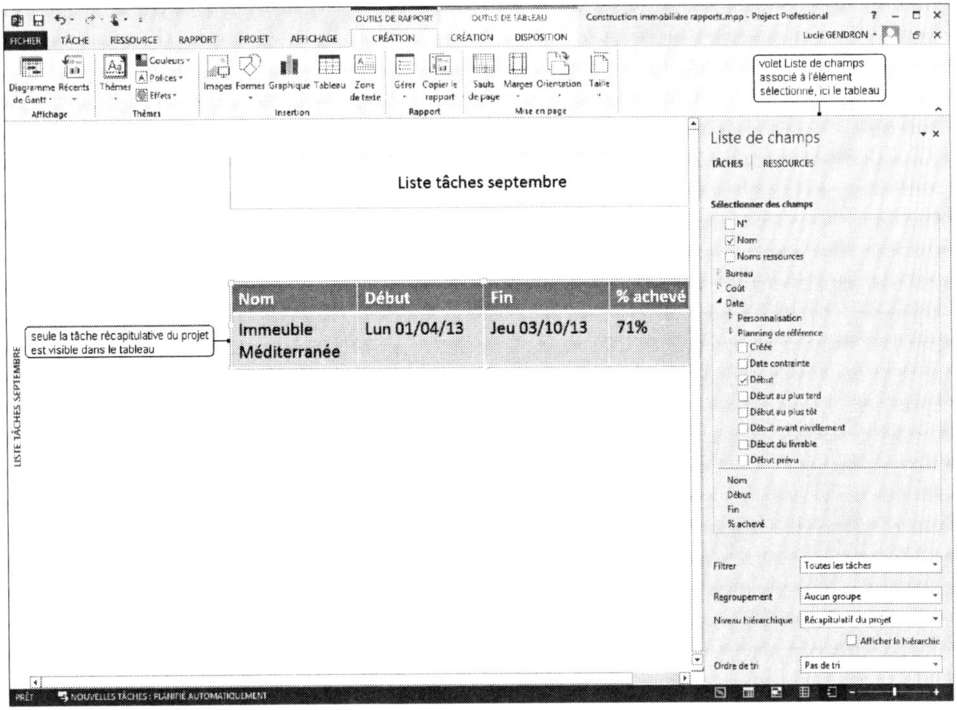

- ▷ Ajoutez les éléments souhaités dans votre nouveau rapport ou modifiez les données et/ou l'apparence de ceux existants (vous trouverez les titres correspondants plus loin dans ce chapitre).
- ▷ Enregistrez les modifications apportées à votre nouveau projet.

  Comme pour les rapports prédéfinis, les modifications apportées au rapport sont automatiquement enregistrées avec le projet et seront donc visibles au prochain affichage de celui-ci.

⇒ *Pour afficher un rapport créé, dans l'onglet **RAPPORT**, cliquez sur le bouton **Récents** du groupe **Afficher les rapports** puis cliquez sur le nom du rapport à afficher. Dans le cas des rapports prédéfinis, vous pouvez également les afficher à partir des boutons **Tableaux de bord**, **Ressources**, **Coûts** et **En cours** : si le rapport prédéfini a été modifié, Project affiche le rapport modifié et non le rapport prédéfini par défaut.*

B- Modifier les données d'un rapport

- ▷ Cliquez sur l'onglet **RAPPORT** puis affichez le rapport à modifier.
- ▷ Cliquez sur le tableau ou le graphique à modifier.

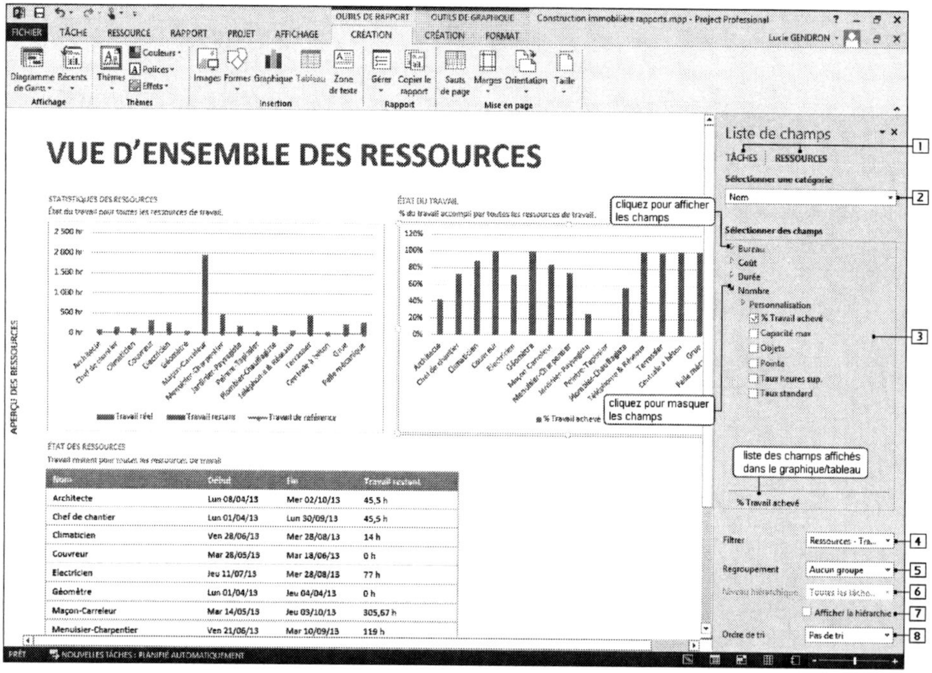

1 Choisissez le type de champs à visualiser.

2 Dans le cas d'un graphique, modifiez éventuellement sa catégorie.

3 Cochez les champs à afficher dans le graphique/tableau et décochez ceux qui ne doivent pas l'être.

4 Si besoin, modifiez le filtre appliqué au graphique/tableau ; dans l'exemple ci-dessus, le filtre **Ressources - Travail** est sélectionné, seules les ressources de type Travail sont représentées dans le graphique.

5 Utilisez cette liste pour regrouper les données du tableau/graphique.

6 Si les données sont regroupées, modifiez éventuellement le niveau des tâches/ressources à afficher.

7 Choisissez d'afficher ou non la hiérarchie du graphique/tableau.

8 Modifiez, si besoin, l'ordre de tri des données du graphique/tableau.

⇨ *Pour déplacer un champ dans un graphique/tableau, sélectionnez-le en bas de la zone* ***Sélectionner des champs*** *puis faites-le glisser à la position souhaitée par rapport aux autres champs.*

⇨ *Pour ajouter d'autres éléments à vos rapports en plus de ceux existants, cliquez sur l'onglet* ***OUTILS DE RAPPORT - CRÉATION*** *puis utilisez les boutons* ***Images***, ***Formes***, ***Graphique***, ***Tableau*** *ou* ***Zone de texte*** *du groupe* ***Insertion***.

C- Modifier l'apparence des éléments d'un rapport

▷ Cliquez sur l'onglet **RAPPORT** puis affichez le rapport concerné.

▷ Cliquez sur l'élément concerné.

▷ Pour modifier l'apparence d'un tableau, utilisez les onglets **CRÉATION** et **DISPOSITION** de l'onglet contextuel **OUTILS DE TABLEAU**.

*Comme dans l'application Word, les commandes de l'onglet **CRÉATION** permettent de modifier le style de votre tableau, tandis qu'avec celles de l'onglet **DISPOSITION** vous pourrez modifier la taille des cellules, du tableau ou encore l'alignement du texte dans les cellules.*

▷ Pour modifier l'apparence d'un graphique, utilisez les onglets **CRÉATION** et **FORMAT** de l'onglet contextuel **OUTILS DE GRAPHIQUE**.

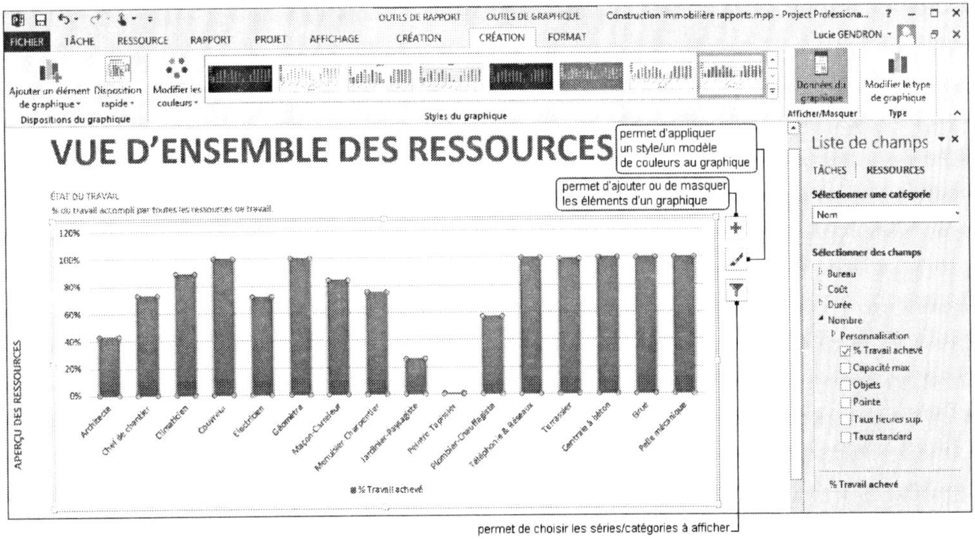

▷ Pour modifier l'apparence d'une forme et d'une zone de texte, utilisez l'onglet **FORMAT** de l'onglet contextuel **OUTILS DE DESSIN**.

▷ Pour modifier l'apparence d'une image, utilisez l'onglet **FORMAT** de l'onglet contextuel **OUTILS IMAGE**.

⇨ *Pour modifier l'apparence d'un rapport, dans l'onglet **OUTILS DE RAPPORT - CRÉATION**, cliquez sur le bouton **Thèmes** du groupe **Thèmes** puis cliquez sur le bouton correspondant au thème à appliquer. Vous pouvez personnaliser le thème choisi à l'aide des boutons **Couleurs**, **Polices** ou **Effets** du groupe **Thèmes**.*

D- Gérer les éléments d'un rapport

▷ Pour sélectionner un élément, cliquez dessus ; pour sélectionner plusieurs éléments, maintenez la touche [⇧] ou [Ctrl] enfoncée en cliquant successivement sur les éléments à sélectionner.

▷ Pour dimensionner un élément, sélectionnez-le puis faites glisser une des poignées de la sélection ; pour respecter les dimensions de l'élément, faites glisser une poignée d'angle en maintenant la touche [⇧] enfoncée.

▷ Pour déplacer un élément, cliquez dessus pour le sélectionner, pointez un de ses bords, cliquez puis faites glisser l'élément vers sa nouvelle position.

▷ Pour supprimer un élément, cliquez dessus pour le sélectionner puis appuyez sur la touche [Suppr].

E- Gérer les rapports

Copier un rapport dans une autre application

Vous pouvez copier un rapport dans une autre application telle que Word, Excel ou encore PowerPoint.

▷ Cliquez sur l'onglet **RAPPORT** puis affichez le rapport à copier.

▷ Onglet **OUTILS DE RAPPORT - CRÉATION** - groupe **Rapport** - bouton **Copier le rapport**

▷ Ouvrez l'application puis le fichier dans lequel copier le rapport.

▷ Utilisez le raccourci-clavier Ctrl **V** pour coller le rapport.

Renommer/supprimer un rapport

▷ Ouvrez le projet contenant le rapport à renommer/supprimer.

▷ Dans le cas de la suppression d'un rapport, veillez à ce que celui-ci ne soit pas actif à l'écran.

▷ Onglet **FICHIER** - option **Informations** - bouton **Organisateur**

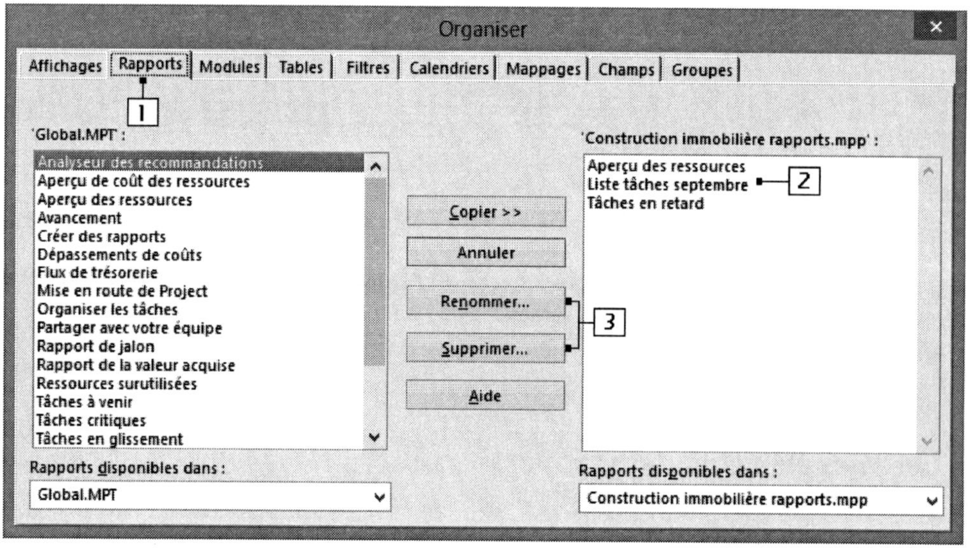

1 Cliquez sur cet onglet.

2 Sélectionnez le rapport à renommer/supprimer.

3 Selon la manipulation à réaliser, cliquez sur un de ces boutons.

▷ Si vous avez choisi de renommer un rapport, saisissez son nouveau nom dans la boîte de dialogue **Renommer** puis cliquez **OK**.

Dans le cas d'une suppression, cliquez sur le bouton **Oui** pour confirmer la suppression du rapport.

▷ Fermez la fenêtre **Organiser**.

⇨ *Pour imprimer un rapport, affichez-le puis, dans l'onglet **FICHIER**, cliquez sur l'option **Imprimer**. Modifiez éventuellement les paramètres d'impression (cf. 2.2 - G - Imprimer le calendrier de projet) puis cliquez sur le bouton **Imprimer**.*

F- Créer un rapport visuel à partir d'un modèle

Un rapport visuel permet d'afficher des données d'un projet sous la forme de tableau croisé dynamique dans l'application Microsoft Excel ou de diagramme croisé dynamique dans l'application Microsoft Visio. Ces deux logiciels doivent être installés sur votre ordinateur.

▷ Activez l'onglet **RAPPORT** puis cliquez sur le bouton **Rapports visuels** du groupe **Exporter**.

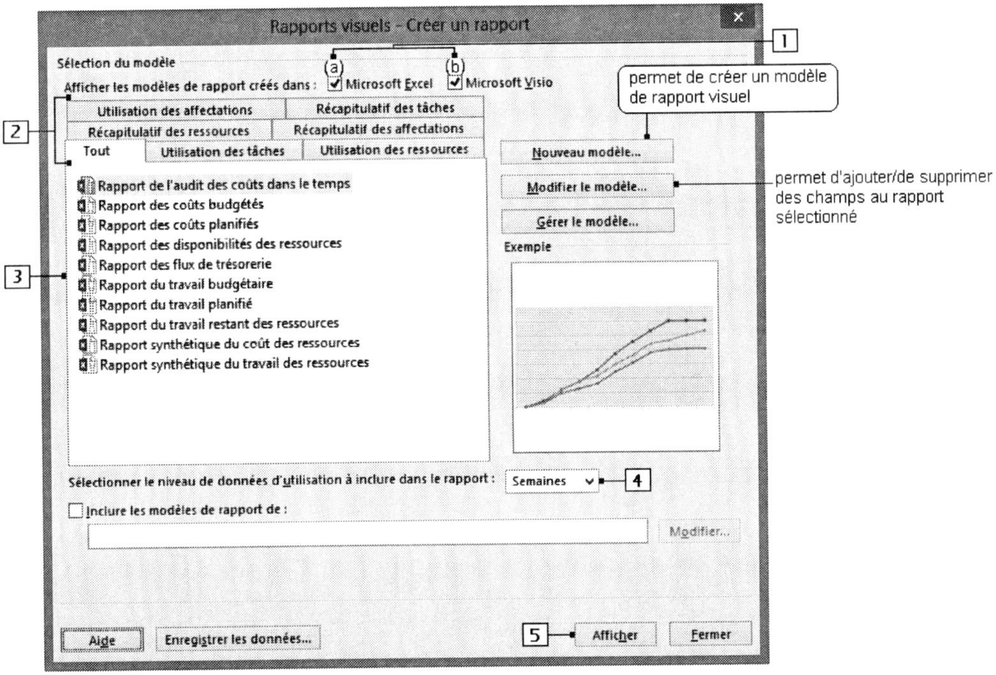

1 Pour limiter l'affichage de la liste des rapports destinés à être ouverts par l'application **Microsoft Excel** (a) et/ou **Microsoft Visio** (b), décochez ou cochez la ou les options correspondantes.

2 Activez l'onglet de la catégorie de rapports souhaitée.

3 Sélectionnez le modèle de rapport visuel souhaité.

4 Pour modifier le niveau des données d'utilisation incluses dans le rapport, choisissez la période souhaitée.

5 Cliquez sur ce bouton pour générer le rapport et l'ouvrir directement dans l'application Microsoft Excel ou Microsoft Visio selon le type de rapport.

▷ Utilisez les fonctionnalités de l'application Excel ou Visio, selon le cas, pour exploiter les données du rapport ainsi généré.

9.1 Le suivi du projet

A- Suivre l'avancement d'un projet

- Le suivi de l'avancement n'est possible que si vous avez défini une planification initiale.
- Pour les projets pilotés uniquement par les tâches, le suivi est très succinct : vous ne comparez que les dates prévues et les dates réalisées ainsi que les différences de durée. Avec des projets plus sophistiqués, le suivi peut être très détaillé : comparaison des heures travaillées, des coûts...
- Faire un suivi permet de repérer les variations, d'intervenir avant que les problèmes ne deviennent critiques et d'augmenter sa base de connaissances personnelles.

B- Déplacer le projet

Project décale toutes les dates du projet ainsi que les dates de contraintes si besoin.

- Activez l'onglet **PROJET** puis cliquez sur le bouton **Déplacer le projet** du groupe **Planifier**.

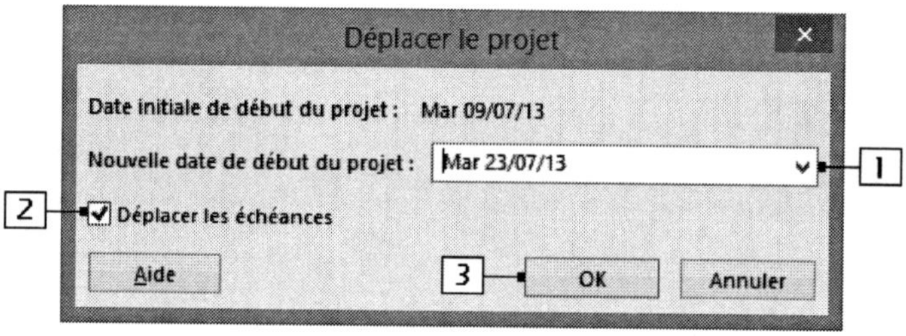

[1] Saisissez ou sélectionnez la nouvelle date de début du projet.

[2] Cochez cette option si Project doit également décaler les tâches à contraintes.

[3] Validez.

C- Enregistrer une planification de référence

Lorsque les prévisions ont été clairement établies et avant que le projet n'entre en phase d'exécution, il est important de définir une planification de référence qui vous permettra d'établir des comparaisons lors du suivi du projet entre les prévisions et les réalisations. Au cours de cet enregistrement, Project va procéder à la recopie de nombreuses informations parmi lesquelles :

Origine	***Destination de la copie***
Durée	*Durée planifiée*
Début	*Début planifié*
Fin	*Fin planifiée*

Sans planification de référence, Project n'accepte aucun suivi.

Sachez également que la planification de référence contient des informations sur :

les tâches	*dates de début et de fin, durée, travail, coût, travail chronologique et coût chronologique.*
les ressources	*travail, coût, travail chronologique et coût chronologique.*
les affectations	*dates de début et de fin, travail, coût, travail chronologique et coût chronologique.*

Project permet l'enregistrement de 11 planifications initiales pour un seul et même plan de projet.

▷ Pour créer une planification de référence : onglet **PROJET** - bouton **Définir le planning de référence** (groupe **Planifier**) puis cliquez sur l'option **Définir le planning de référence**.

▷ Gardez les options **Définir le planning de référence** et **Ensemble du projet** actives puis cliquez sur le bouton **OK** pour enregistrer la planification de référence.

Pour enregistrer une nouvelle planification, procédez comme pour la première.

▷ Pour distinguer les durées prévues des durées planifiées des tâches, activez l'affichage **Suivi Gantt** : onglet **AFFICHAGE** ou **TÂCHE**, ouvrez la liste du bouton **Diagramme de Gantt** puis cliquez sur l'option **Suivi Gantt**.

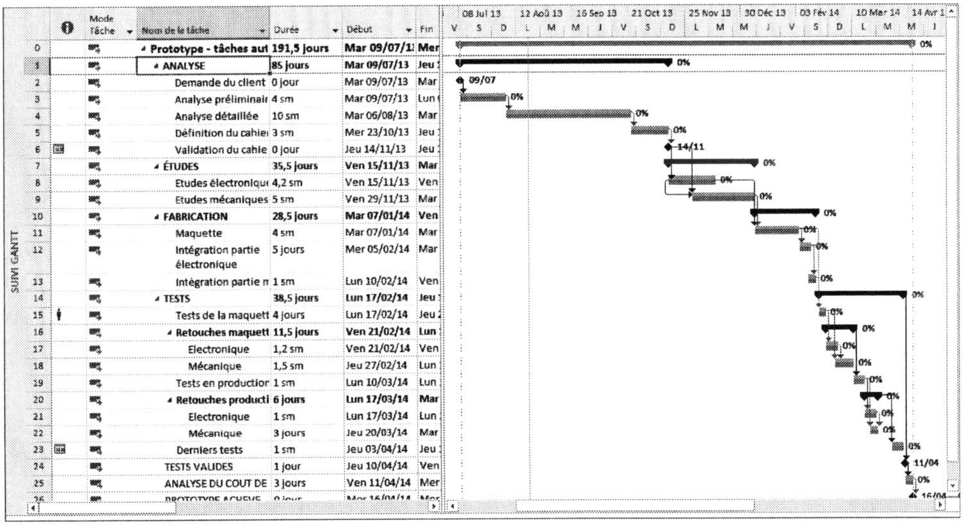

Par défaut, Project associe la table ***Entrée*** *à l'affichage* ***Suivi Gantt****.*

▷ Pour modifier la table associée au Suivi Gantt : activez l'onglet **AFFICHAGE** - bouton **Tables** - option **Plus de tables** puis effectuez un double clic sur la table :

- **Planning de référence** : pour afficher les champs de données planifiées.
- **Variation** : pour mettre en évidence les variations de temps entre les dates de **Début** et **Fin** et les dates de référence.
- **Suivi** : pour afficher également les données réelles.

Dans le Diagramme de Gantt, chaque barre bleue (ou rouge pour les tâches critiques) représente la durée prévue de la tâche correspondante, et les barres grises représentent la durée planifiée par tâche.

▷ Pour visualiser une autre des planifications de référence, activez l'onglet **OUTILS DIAGRAMME DE GANTT - FORMAT**, bouton **Planning de référence** (groupe **Styles des barres**) : cliquez sur la **Planification x** souhaitée.

⇨ *Les planifications de référence enregistrent davantage de valeurs que les planifications temporaires.*

D- Renseigner et afficher la Date d'état

Project utilise la date d'état pour calculer les totaux d'audit des coûts, pour inclure un rapport d'avancement non chronologique (comme le pourcentage achevé) ou bien pour afficher l'avancement du projet avec des courbes d'avancement. Si vous ne renseignez pas cette date, Project effectue ses calculs en fonction de la date du jour. La date d'état peut aussi vous permettre de déterminer où placer le travail réel et restant dans la planification lors de l'entrée du rapport d'avancement.

*La **Date d'état** est affichée dans l'onglet **PROJET** - groupe **État** :* Date d'état : 20/08/13.

▷ Pour visualiser la Date d'état directement dans le Diagramme de Gantt, activez l'onglet **FORMAT**, cliquez sur le bouton **Quadrillage** (groupe **Format**) puis sur l'option **Quadrillage**.

Cliquez sur **Date d'état** dans la liste **Trait à modifier**.

Définissez ses paramètres (champs, **Type**, **Couleur**...) puis validez par le bouton **OK**.

▷ Pour modifier/vérifier la **Date d'état**, activez l'onglet **PROJET** puis cliquez sur le bouton **Informations sur le projet** du groupe **Propriétés**.

Dans le champ **Date d'état**, renseignez ou modifiez la date à laquelle vous allez faire la mise à jour de votre projet.

Notez que par défaut, l'heure de la Date d'état est définie par Project en fin de journée.

Cliquez sur le bouton **OK** pour valider.

⇨ *Pour modifier la **Date d'état**, vous pouvez aussi cliquer sur le bouton* Date d'état : 20/08/13 *situé dans l'onglet **PROJET** - groupe **État**, puis utiliser la liste **Sélectionner une date** pour définir une nouvelle **Date d'état**.*

E- Renseigner la date d'avancement du projet

▷ Onglet **PROJET** - bouton **Informations sur le projet** (groupe **Propriétés**)

▷ Accédez à la zone **Date actuelle** et saisissez la date de l'avancement.

Par défaut, dans le cas d'une sélection de date, Project considère qu'il s'agit du début de la journée et propose l'heure de début définie dans le calendrier. Pour choisir une heure différente, vous devez la saisir.

▷ Cliquez sur le bouton **OK**.

*La date actuelle (automatique ou saisie manuellement) apparaît dans le **Planning du Gantt** sous la forme d'une ligne pointillée. Les tâches situées sur sa gauche devraient être terminées (c'est le passé), celles traversées par la date du jour devraient être en cours (c'est le présent) et celles sur sa droite ne devraient pas être commencées (c'est le futur).*

⇨ *Renseigner manuellement la date du jour par la technique évoquée est une manipulation ponctuelle. Si le fichier est fermé puis ouvert de nouveau, Project reprend la date de votre ordinateur !*

F- Enregistrer une planification temporaire

Cette manipulation se fait en cours de réalisation d'un projet et lorsqu'une planification de référence a été enregistrée, Project permet l'enregistrement de 10 planifications temporaires par projet. Elles permettent ainsi de comparer les changements survenus au niveau des dates prévues pour les tâches. Mais sachez que la comparaison des données d'une planification initiale avec celles d'une planification temporaire ne vous permet de suivre que les dates de début et de fin et non le travail et les coûts.

▷ Onglet **PROJET** - bouton **Définir le planning de référence** - option **Définir le planning de référence**

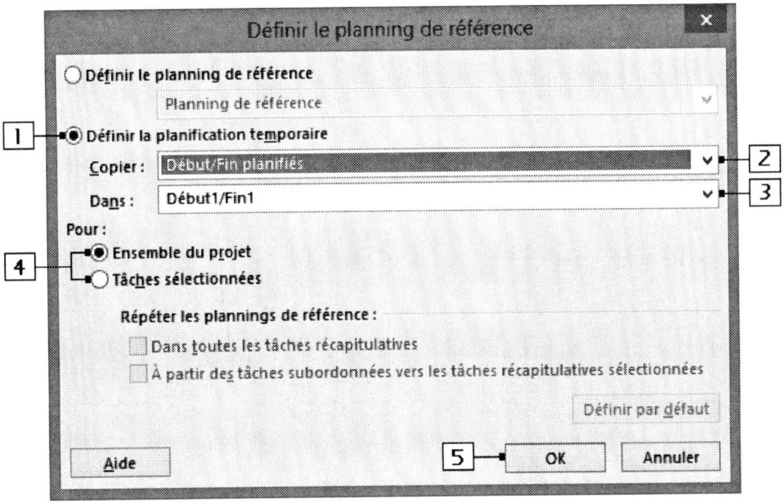

[1] Activez cette option.

[2] Choisissez le nom de la planification initiale ou de la planification temporaire contenant les valeurs de début et de fin ou les valeurs de début et de fin planifiées à enregistrer.

[3] Choisissez le nom de la planification temporaire dans laquelle les valeurs doivent être copiées.

[4] Activez l'option de votre choix.

[5] Lancez la planification.

⇨ *Les planifications temporaires enregistrent moins de valeurs que les planifications de référence.*

G- Effacer une planification (de référence ou temporaire)

▷ Onglet **PROJET** - bouton **Définir le planning de référence** - option **Effacer le planning de référence**

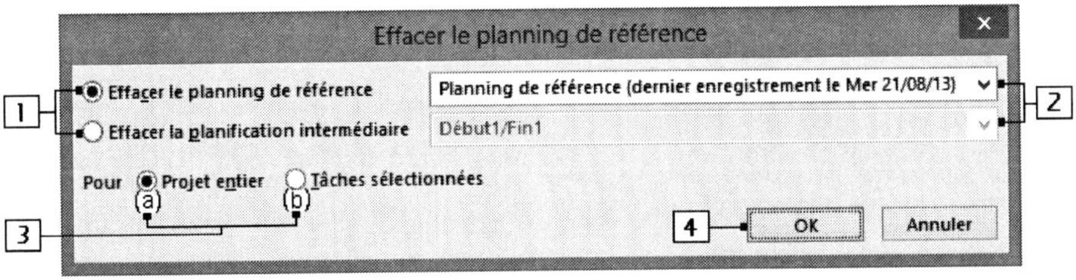

[1] Activez l'option souhaitée (selon le type de planification à effacer).

[2] Ouvrez alors la liste associée à l'option activée puis sélectionnez la planification à effacer.

[3] Activez ensuite l'option (a) ou (b) pour effacer la partie des prévisions souhaitée.

[4] Validez.

H - Faire apparaître des courbes d'avancement

Pour une date d'avancement donnée, Project peut dessiner une courbe d'avancement reliant les tâches en cours de réalisation.

▷ En affichage **Diagramme de Gantt**, faites un clic droit dans le volet du Diagramme de Gantt (partie droite de la fenêtre) puis cliquez sur l'option **Courbes d'avancement** du menu contextuel.

Vous pouvez aussi cliquer sur l'option ***Courbes d'avancement*** *située dans la liste du bouton* ***Quadrillage*** *de l'onglet* ***OUTILS DIAGRAMME DE GANTT - FORMAT*** *- groupe* ***Format****.*

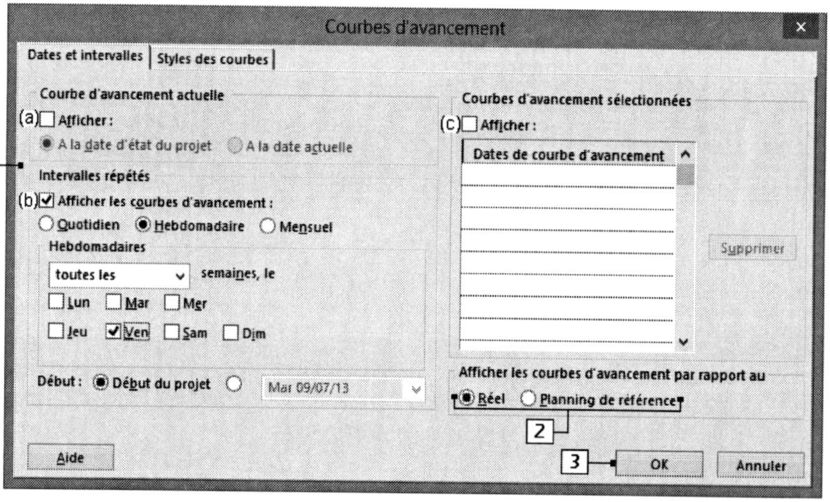

[1] Cochez l'option :

(a) pour afficher la courbe d'avancement en cours (soit **A la date d'état du projet**, soit **A la date actuelle**).

(b) pour afficher des courbes d'avancement à intervalles réguliers (renseignez la fréquence des intervalles).

(c) pour afficher des courbes d'avancement à des dates précises (renseignez les dates de votre choix dans la colonne qui suit).

[2] Choisissez d'afficher les courbes d'avancement par rapport au réel ou au planifié.

[3] Validez.

Les pics qui pointent vers la gauche représentent les travaux en retard et les pics pointant vers la droite les travaux en avance sur les prévisions.

⇨ *Les travaux effectués d'une tâche sont "en avance" lorsque la date de début de la tâche est antérieure à celle définie à l'origine.*

I- Consulter les statistiques globales d'un projet

▹ Pour afficher les statistiques : onglet **PROJET** - outil **Informations sur le projet** - bouton **Statistiques**

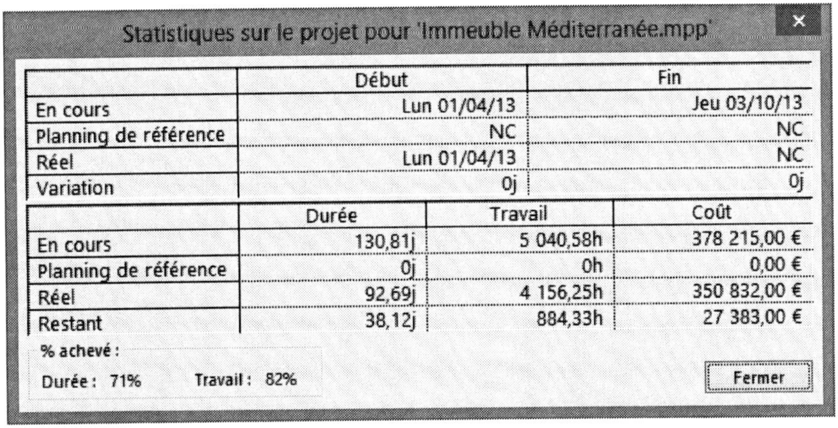
Statistiques sur le projet pour 'Immeuble Méditerranée.mpp'

	Début	Fin
En cours	Lun 01/04/13	Jeu 03/10/13
Planning de référence	NC	NC
Réel	Lun 01/04/13	NC
Variation	0j	0j

	Durée	Travail	Coût
En cours	130,81j	5 040,58h	378 215,00 €
Planning de référence	0j	0h	0,00 €
Réel	92,69j	4 156,25h	350 832,00 €
Restant	38,12j	884,33h	27 383,00 €

% achevé :
Durée : 71% Travail : 82%
Fermer

▹ Pour imprimer les statistiques, utilisez l'onglet **RAPPORT** - groupe **Afficher les rapports** - bouton **Tableaux de bord** puis cliquez sur l'option **Vue d'ensemble du projet**.

Cliquez ensuite sur l'onglet **FICHIER**, sur l'option **Imprimer** puis sur le bouton **Imprimer**.

⇨ *Vous pouvez aussi consulter ces statistiques à partir de l'onglet* ***FICHIER - Informations*** *- bouton* ***Informations sur le projet*** *à droite de la fenêtre - option* ***Statistiques du projet****.*

9.2 Le suivi des tâches

A- Découvrir les outils du Suivi des tâches

▹ Onglet **TÂCHE** - groupe **Planifier**

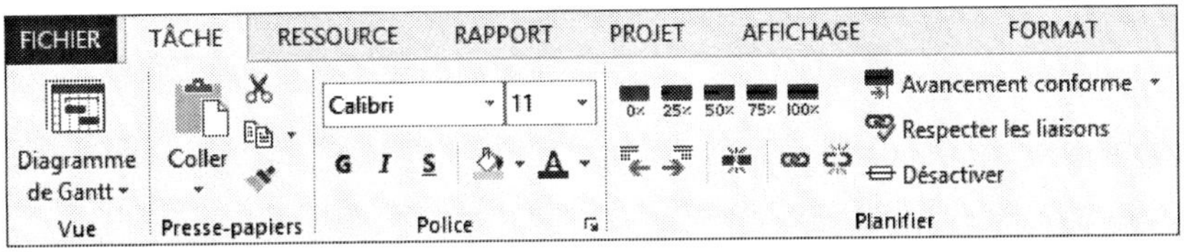

▹ Onglet **PROJET** - groupe **Planifier** et groupe **État**

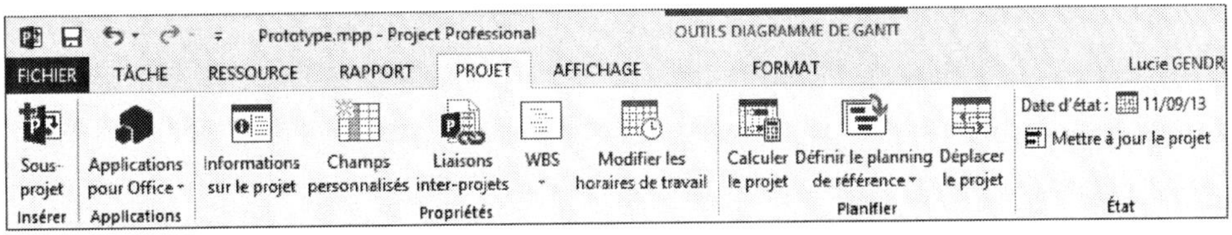

B- Mettre à jour l'avancement des tâches

Automatiquement

- Modifiez si nécessaire la **Date d'état**.
- Si seules quelques tâches doivent être mises à jour, sélectionnez-les.
- Cliquez sur le bouton **Mettre à jour le projet** (onglet **PROJET** - groupe **État**).

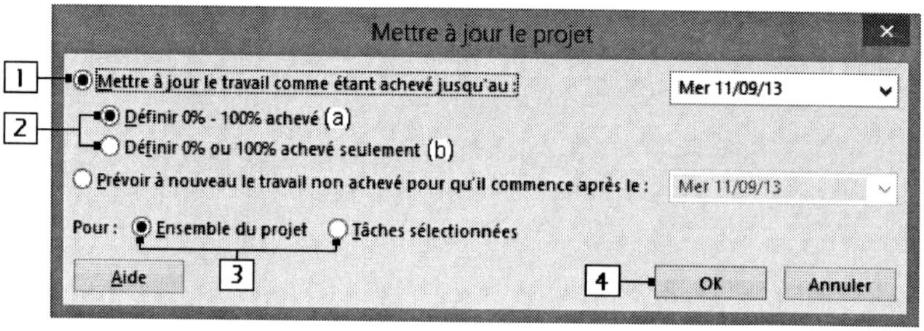

[1] Conservez cette option active et au besoin, précisez la date de mise à jour dans la zone de saisie qui suit.

[2] Activez une des options suivantes :

(a) Project calcule les pourcentages réels d'avancement.

(b) Project attribue 100% aux tâches terminées et 0% aux autres même si elles sont commencées.

[3] Au besoin, indiquez ce que vous souhaitez mettre à jour.
Si vous choisissez l'Ensemble du projet, les tâches postérieures à la date de mise à jour indiquée ne seront pas prises en compte.

[4] Validez.

⇨ *Dans les barres du planning du Gantt s'affichent des lignes qui symbolisent les pourcentages d'avancement.*

⇨ *Pour effectuer le suivi des tâches à l'aide des outils de Suivi, sélectionnez la ou les tâches concernées puis cliquez sur l'un des cinq outils pourcentage du groupe **Planifier** (onglet **TÂCHE**) pour indiquer seulement un pourcentage d'avancement.*

Manuellement

- Sélectionnez la tâche à mettre à jour puis onglet **TÂCHE** - liste du bouton **Avancement conforme** - option **Mettre à jour les tâches**.

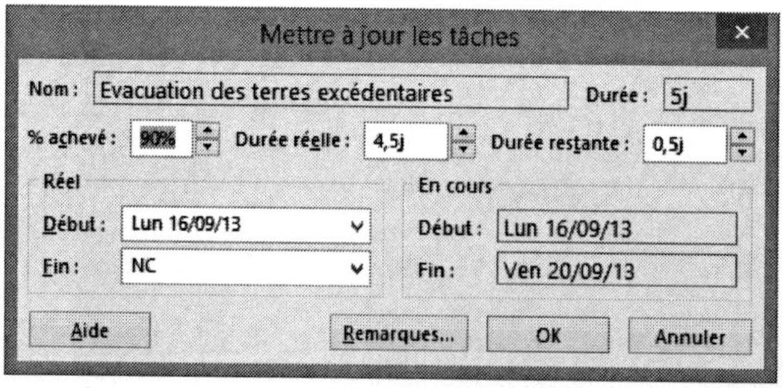

- Pour une tâche terminée et si tout s'est déroulé conformément aux prévisions, tapez **100** dans la zone **% achevé**.
- Pour une tâche terminée mais qui a duré plus longtemps que prévu, renseignez sa **Durée réelle**.

  La tâche est considérée comme terminée lorsque la durée réelle est supérieure ou égale à la durée planifiée ! Une tâche est également considérée comme terminée si vous renseignez son début réel et sa fin réelle ou seulement sa fin réelle.
- Pour indiquer qu'une tâche est non terminée, précisez le **% achevé** compris entre 0 et 100%, la **Durée restante** supérieure à zéro ou la **Durée réelle** inférieure à la durée planifiée.

  En ne renseignant qu'un seul de ces champs, Project calcule toutes les autres données par rapport à la planification initiale. Si cela n'est pas conforme à la réalité, utilisez plusieurs champs. Attention, lors des calculs, Project ne prend pas en compte la date du jour !
- Cliquez sur le bouton **OK**.

⇨ *En cas de saisie de date de **Fin** (cadre **Réel**) d'un jalon, saisissez aussi l'heure, sinon Project calcule la durée réelle d'une journée et transforme alors le jalon en tâche normale.*

C- Commenter un suivi réalisé

- Sélectionnez la tâche pour laquelle vous souhaitez commenter le suivi.
- Onglet **TÂCHE** - bouton **Avancement conforme** - option **Mettre à jour les tâches**
- Cliquez sur le bouton **Remarques** pour commenter le suivi réalisé.

D- Prévoir le glissement de tâches non achevées

- Modifiez si nécessaire la **Date d'état** puis sélectionnez, si besoin, les tâches concernées.
- Onglet **PROJET** - bouton **Mettre à jour le projet** du groupe **État**

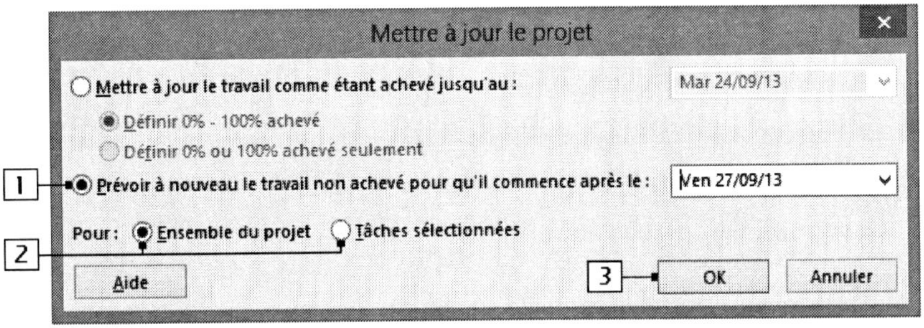

[1] Activez cette option et renseignez, si ce n'est déjà fait, la date d'état dans la zone de saisie adjacente.

[2] Précisez pour quelles tâches ce glissement doit s'effectuer.

[3] Validez.

E- Constater les écarts entre réalisations et prévisions

Par le Suivi Gantt

▷ Onglet **TÂCHE** ou **AFFICHAGE** - liste du bouton **Diagramme de Gantt** - option **Suivi Gantt**

▷ Au besoin, utilisez l'onglet **AFFICHAGE** - groupe **Zoom** - bouton **Projet entier**.

*Les pourcentages d'achèvement sont affichés. Dans la partie **Table**, les tâches terminées sont précédées de l'indicateur ✔.*

Par la table Variation

▷ Onglet **AFFICHAGE** - bouton **Tables** - option **Variation**

*Project y affiche en dernière position les colonnes **Variance de début** et **Variance de fin**. Les variations sont reportées d'une tâche à l'autre en fonction de l'ordonnancement des tâches !*

F- Examiner les tâches par l'application d'un filtre

▷ À partir d'un affichage des tâches : onglet **AFFICHAGE** - liste **Filtrer** du groupe **Données** - option **Autres filtres**.

▷ Faites un double clic sur **Tâches achevées**, **Tâche inachevées**, **Tâches en cours de réalisation** ou **Tâches en glissement**.

⇨ *Les tâches inachevées sont celles qui ne sont pas terminées, qu'elles soient ou non commencées. Les tâches en cours de réalisation sont celles qui ont un pourcentage achevé différent de zéro et de 100.*

⇨ *Pour annuler l'application d'un filtre, dans l'onglet **AFFICHAGE**, ouvrez la liste de l'outil **Filtrer** (groupe **Données**) puis cliquez sur **Aucun filtre**.*

⇨ *Vous pouvez très facilement créer des rapports illustrant les tâches comme, par exemple, un rapport sur les tâches critiques ou sur les tâches en retard (cf. titre 8.2 - A - Créer un rapport).*

G- Saisir les charges du travail réalisé sur les tâches

La table Travail des tâches sert à mettre en évidence les modifications apportées depuis la planification initiale de votre projet. Elle vous permet donc de comparer cette planification initiale avec les versions ultérieures du projet.

▷ Activez l'affichage Diagramme de Gantt.

▷ Onglet **AFFICHAGE** - bouton **Tables** - option **Travail**

▷ Saisissez dans la colonne **Travail** les charges de travail pesant sur les tâches. Ceci peut s'avérer pratique si vous ne souhaitez pas affecter des ressources précises sur les tâches concernées.

9.3 Le suivi des ressources

A- Suivre le travail réel d'une ressource

Sur une tâche terminée

▷ Activez l'affichage **Utilisation des tâches**, cochez l'option **Détails** (onglet **AFFICHAGE** - groupe **Fractionner l'affichage**) puis veillez à ce que l'option **Formulaire tâche** soit sélectionnée dans la liste associée. Faites ensuite un clic droit dans le volet du bas puis cliquez sur **Travail**.

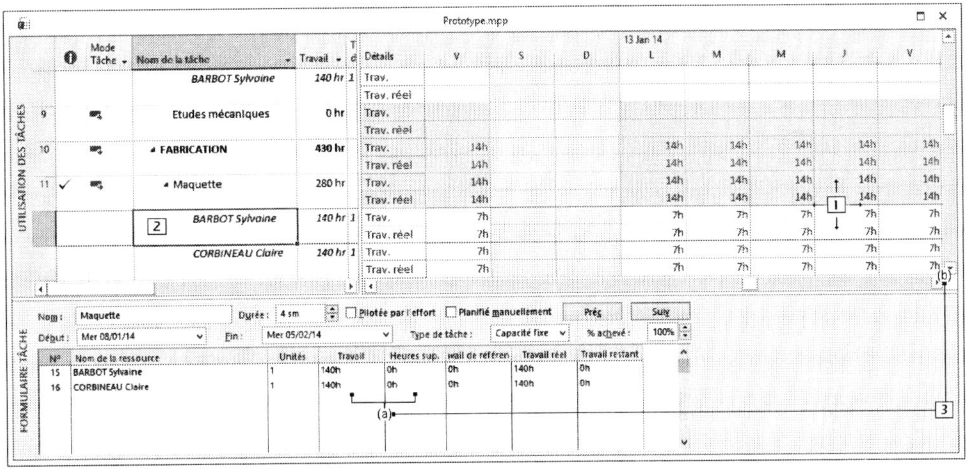

[1] Cliquez avec le bouton DROIT dans cette partie puis cliquez sur l'option **Travail réel**.

[2] Sélectionnez la tâche concernée.

[3] Si le Travail réel est supérieur au Travail planifié alors que la durée écoulée de la tâche n'a pas été altérée, indiquez les moyens mis en œuvre :

(a) Si vous avez eu recours à des heures supplémentaires, renseignez les champs **Travail** et **Heures sup.** dans la fiche **Travail**.

(b) Si la ressource a travaillé plus sans recourir à des heures supplémentaires, heures qui ont un coût, renseignez les horaires réels réalisés dans la partie droite de la table **Utilisation des tâches** de la ressource concernée.

▷ Si nécessaire, confirmez par le bouton **OK**.

Sur une tâche en cours

▷ Activez l'affichage **Utilisation des tâches**, cochez l'option **Détails** (onglet **AFFICHAGE** - groupe **Fractionner l'affichage**) puis veillez à ce que l'option **Formulaire tâche** soit sélectionnée dans la liste associée. Faites ensuite un clic droit dans le volet du bas puis cliquez sur **Travail**.

▷ Lors du premier suivi, renseignez dans la fiche **FORMULAIRE TÂCHE** le **Travail réel** réalisé par la ressource puis validez par le bouton **OK** visible en haut à droite du volet.

Un problème se pose dès le second suivi : souvent, les ressources communiquent le travail qu'elles ont réalisé depuis le dernier suivi. A priori, la solution consiste à cumuler ce travail réel à l'ancien.

Mais si vous indiquez un nouveau pourcentage d'avancement de la tâche, Project applique immédiatement son propre calcul de travail réel. Comment, dans ces conditions, retrouver le véritable travail réel précédent ?

Pour régler le problème posé par les suivis successifs du travail réalisé, vous devez dissocier la mise à jour des tâches de la mise à jour des ressources ou mettre à jour le travail réel sur une base quotidienne.

Sur une période précise

▷ Onglet **TÂCHE** - liste du bouton **Diagramme de Gantt** - option **Utilisation des ressources**

▷ Assurez-vous que vous êtes bien en affichage de la table **Travail** : onglet **AFFICHAGE** - bouton **Tables** - option **Travail**.

▷ À l'aide d'un clic droit sur la grille chronologique de l'affichage **Utilisation des ressources**, affichez les champs **Travail** et **Travail réel**.

▷ Renseignez les heures travaillées dans la partie calendrier de cet affichage, dans la ou les cellules **Travail réel**.

B- Dissocier la mise à jour des tâches/des ressources

▷ Onglet **FICHIER** - option **Options** - catégorie **Échéancier**

▷ Décochez l'option **La mise à jour de l'état des tâches entraîne la mise à jour de l'état des ressources** de la zone **Options de calcul pour ce projet**.

▷ Clqiuez sur le bouton **OK**.

C- Afficher le pourcentage du travail achevé dans le Suivi Gantt

▷ Affichez le **Suivi Gantt** : onglet **AFFICHAGE** - liste **Diagramme de Gantt** - option **Suivi Gantt**.

▷ Onglet **FORMAT** - bouton **Format** (groupe **Styles des barres**) - option **Barres et Styles**

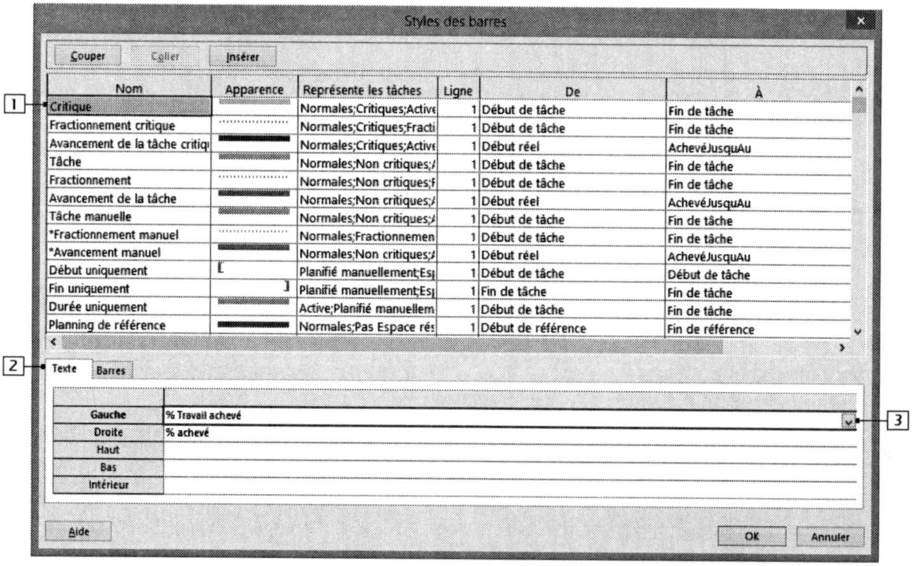

[1] Cliquez sur cette cellule.

[2] Activez cet onglet.

[3] Sélectionnez le champ **% Travail achevé** grâce à la liste proposée dans cette cellule.

▷ Procédez de la même façon pour personnaliser les barres des tâches non critiques puis validez.

9.4 Le suivi des coûts et du travail global

A- Désactiver le calcul automatique des coûts réels

▷ Pour désactiver le calcul automatique de Project, onglet **FICHIER** - option **Options** - catégorie **Échéancier**. Décochez l'option **Les coûts réels sont toujours calculés par Project**. Cochez l'option **Répartir les modifications du coût total à la date d'état** ou décochez-la pour répartir les modifications de coûts à la fin de la durée réelle de la tâche et validez.

▷ Pour renseigner les coûts réels, affichez les tâches puis utilisez l'onglet **AFFICHAGE** - bouton **Tables** - option **Coût**. Renseignez alors les coûts dans la colonne **Réel**.

B- Utiliser les filtres liés au budget

▷ Pour afficher les coûts dépassant le budget, ouvrez la liste **Filtrer** de l'onglet **AFFICHAGE** (groupe **Données**), cliquez sur **Autres filtres** puis faites un double clic sur le filtre **Coût dépassant le budget**.

▷ Pour afficher le travail dépassant le coût, ouvrez la liste **Filtrer** de l'onglet **AFFICHAGE** (groupe **Données**), cliquez sur l'option **Autres filtres** puis faites un double clic sur **Travail dépassant le budget**.

C- Suivre le travail global réalisé sur les tâches

▷ Affichez les tâches.

▷ Affichez la table relative au travail.

*Lors de l'enregistrement de la planification de référence, Project a copié les informations **Travail** dans le champ **Travail de référence**.*

▷ Faites défiler la liste pour visualiser la colonne **% T. achevé**.

▷ Renseignez les informations connues sur le travail réellement effectué pour les travaux entièrement terminés : si le travail réel est supérieur au travail planifié, saisissez cette donnée dans la colonne **Réel**, s'il est inférieur, saisissez-le dans la colonne **Travail**.

10.1 Les projets liés et consolidés

A- Insérer un sous-projet dans le projet maître

Dans le cas d'un projet de grande taille comprenant plusieurs phases bien distinctes, vous pouvez créer un projet distinct pour chaque grande phase puis faire référence à ces ***projets externes*** *dans un autre projet appelé* ***projet principal****.*

▷ Dans le projet maître, créez la liste des tâches sans vous préoccuper des futurs sous-projets.

▷ Dans la liste des tâches, cliquez sur la tâche qui suivra la tâche "sous-projet".

▷ Onglet **PROJET** - groupe **Insérer** - bouton **Sous-projet**

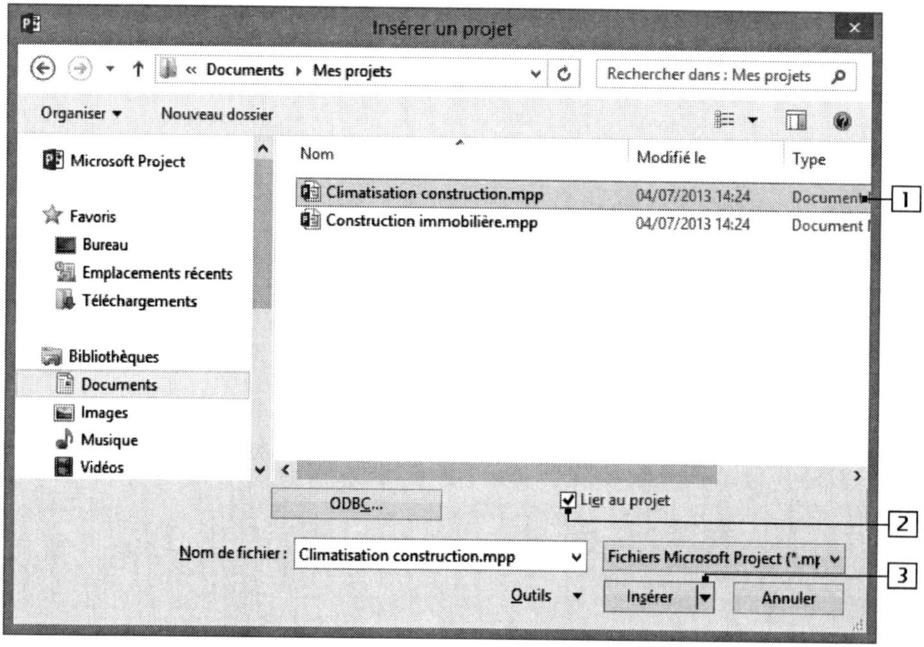

1 Sélectionnez le nom du fichier sous-projet.

2 Si les modifications apportées au sous-projet à partir du projet maître ne doivent pas être répercutées dans le fichier sous-projet, et vice versa, décochez cette option : il s'agit dans ce cas d'une copie des tâches du sous-projet dans le projet maître, les tâches seront alors intégrées et numérotées dans la même séquence du projet maître.

3 Si le sous-projet ne doit pas pouvoir être modifié à partir du projet maître, ouvrez cette liste déroulante puis cliquez sur l'option **Insérer en lecture seule**.

Dans le cas contraire, cliquez sur le bouton **Insérer**.

Le sous-projet se présente sous la forme d'une tâche récapitulative de projet dont la durée correspond à la durée totale du fichier sous-projet. Et notez que Project ne donne pas un prédécesseur ni un successeur au sous-projet ainsi intégré, ce dernier conserve sa propre date de début.

Le nom de la tâche sous-projet correspond au nom du fichier inséré.

- Mettez à jour les liaisons entre les tâches et pensez à harmoniser les calendriers par un éventuel calendrier de projet commun.

  Dans la colonne des indicateurs, l'icône marque les projets insérés en lecture seule et l'icône les projets insérés.

B- Afficher le nom des sous-projets dans le Gantt

- Affichez le Gantt concerné.
- Onglet **OUTILS DIAGRAMME DE GANTT - FORMAT** - bouton **Format** - option **Barres et Styles** (groupe **Styles des barres**)

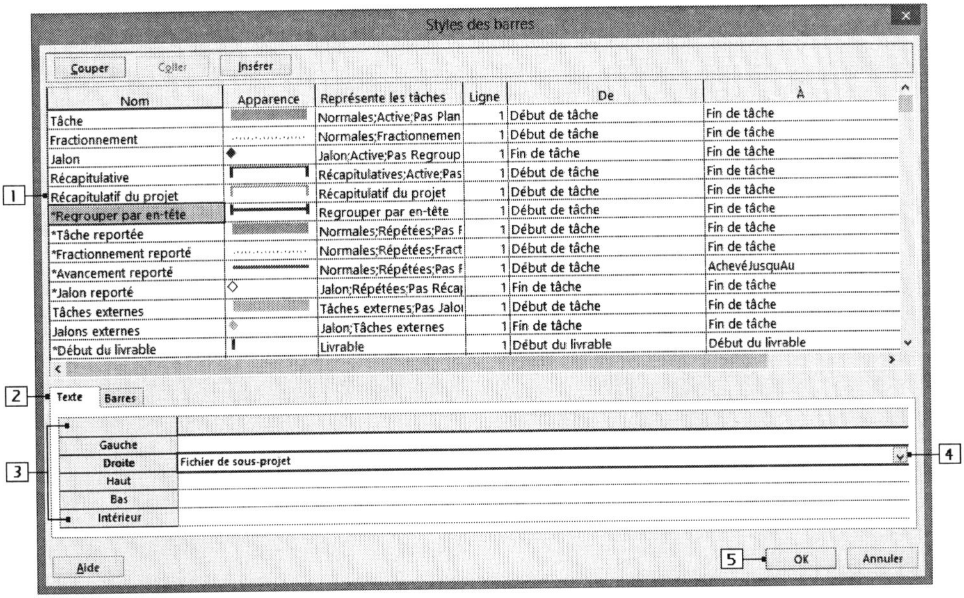

1. Cliquez sur cette option.
2. Activez l'onglet **Texte**.
3. Choisissez le lieu d'apparition des noms des documents par rapport à la barre.
4. Ouvrez la liste déroulante associée à l'emplacement choisi et sélectionnez **Fichier de sous-projet**.
5. Validez.

Le nom des fichiers s'affiche dans le Gantt précédé du chemin d'accès.

C- Afficher les statistiques d'un sous-projet

- Réalisez un double clic sur la tâche du sous-projet concernée.
- Dans la boîte de dialogue **Informations sur le projet inséré**, cliquez sur le bouton **Infos sur le projet** de l'onglet **Général**.
- Cliquez alors sur le bouton **Statistiques**.

D- Consolider plusieurs projets individuels

- La consolidation permet de passer un certain nombre de projets en revue et d'établir aisément un rapport à leur sujet.
- Vous pouvez modifier la mise en forme des informations du projet consolidé sans modifier celle des fichiers projets source.
- La consolidation permet aussi de consolider les plannings et les ressources.

E- Consolider les plannings et les ressources

- Ouvrez les divers projets à consolider.
- Onglet **AFFICHAGE** - bouton **Nouvelle fenêtre** (groupe **Fenêtre**)

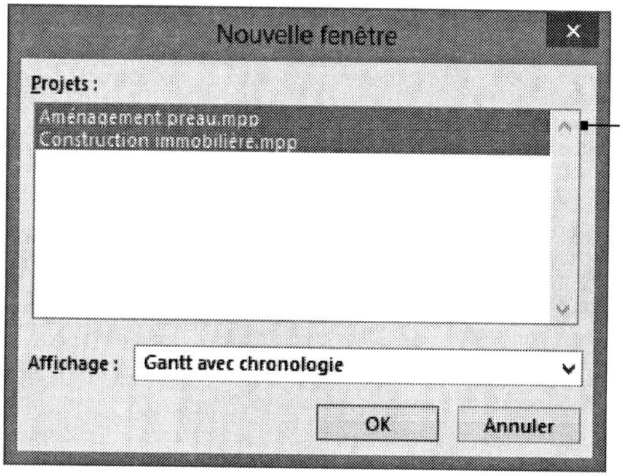

par des clics ou un cliqué-glissé, sélectionnez chaque projet à intégrer dans la consolidation

- Cliquez sur le bouton **OK**.

  Project affiche le résultat de la consolidation dans un tout nouveau projet que vous devrez -paramétrer (date de début et calendrier de projet, options de calendriers, affichage du chemin critique, etc.).

- Pour modifier l'ordre des projets, cliquez sur la ligne récapitulative du projet à déplacer puis faites glisser la sélection vers l'endroit voulu.
- Dans la table du Gantt, chaque projet est précédé d'une tâche numérotée, tâche qui reprend le **Titre** du **Résumé** du projet (par défaut, ce titre est le nom du fichier).
- Dans le planning de Gantt, les barres de ce type de tâche (appelée tâche récapitulative de projet) sont de couleur grise.

⇨ *Sauf intervention, les tâches récapitulatives de projet sont liées à leur fichier source et elles peuvent être modifiées à partir du projet consolidé.*

⇨ *Vous pouvez établir des liaisons entre les tâches des différents projets.*

F- Enregistrer un projet consolidé

- Enregistrez ce fichier comme tout fichier.
- Acceptez ou non d'enregistrer les modifications dans chaque fichier source.

G- Modifier les liens entre un projet et un fichier source

▷ Réalisez un double clic sur la tâche récapitulative de projet concernée par une modification.

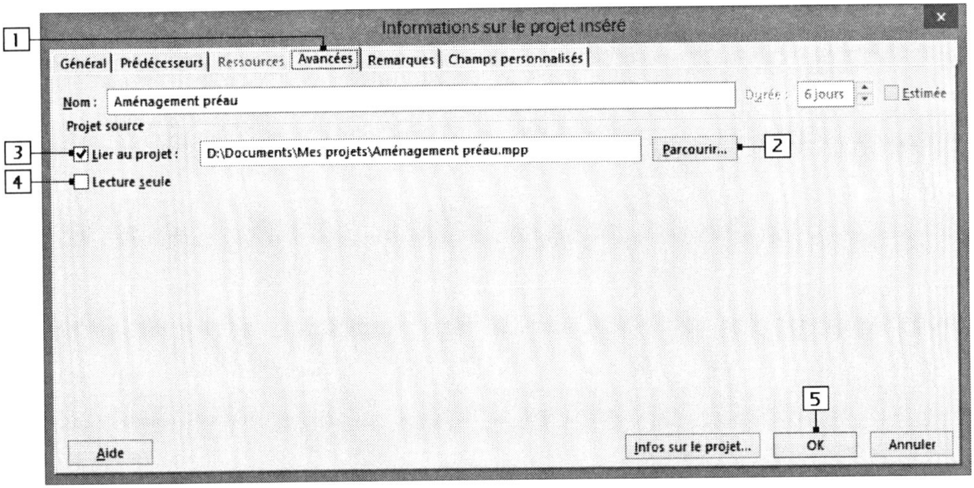

1 Activez cet onglet.

2 Si le fichier source a changé ou a été déplacé, cliquez sur le bouton **Parcourir** afin de mettre son nom (ou son chemin d'accès) à jour.

3 Si la tâche récapitulative de projet ne doit plus être liée au fichier source, décochez cette option.

4 Si le fichier source ne doit pas pouvoir être modifié à partir du document principal (ou consolidé), cochez cette option.

5 Validez.

10.2 Le partage des ressources

A- Partager les ressources entre projets

▷ Ouvrez le fichier qui contient les ressources à partager (fichier prêteur) et le projet en attente des ressources (fichier emprunteur).

▷ Activez le fichier emprunteur.

▷ Onglet **RESSOURCE** - bouton **Liste de ressources partagées** (groupe **Affectations**) - option **Partager les ressources**

PARTAGE DES PROJETS

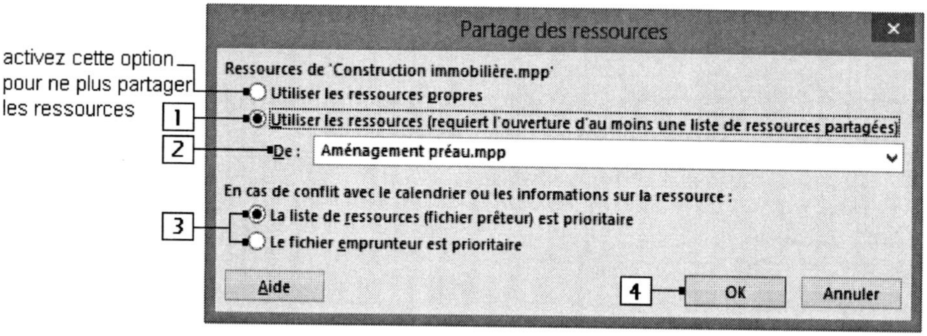

[1] Activez cette option.

[2] Sélectionnez le fichier contenant les ressources à utiliser (fichier prêteur).

[3] Indiquez ensuite quel fichier est prioritaire en cas de conflit de calendrier ou en cas de problème de surutilisation de ressources sur les deux projets.

[4] Validez.

⇨ *Que les ressources soient partagées ou non, la procédure suivie pour les affecter aux tâches d'un projet ou d'un autre est identique.*

B- Ouvrir un projet emprunteur de ressources

▷ Procédez comme pour l'ouverture de tout projet.

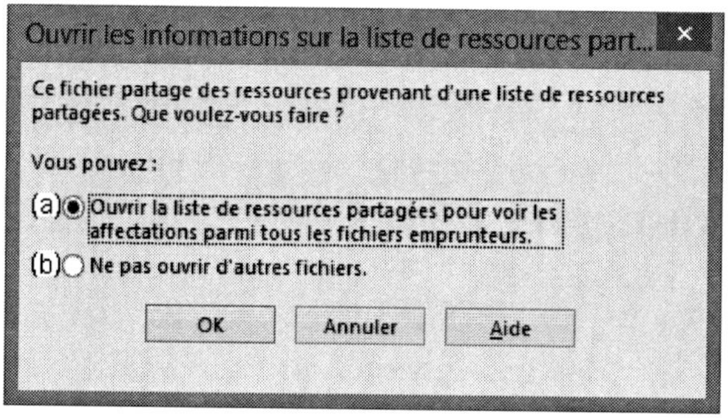

▷ Activez l'option :

(a) pour ouvrir la liste des ressources et les fichiers emprunteurs.
(b) pour ne pas ouvrir les autres fichiers.

▷ Pour modifier une ressource partagée, ouvrez le fichier prêteur et les fichiers emprunteurs puis modifiez la ressource à partir de l'un ou l'autre des projets.

C- Ouvrir un projet prêteur de ressources

▷ Procédez comme pour l'ouverture de tout projet.

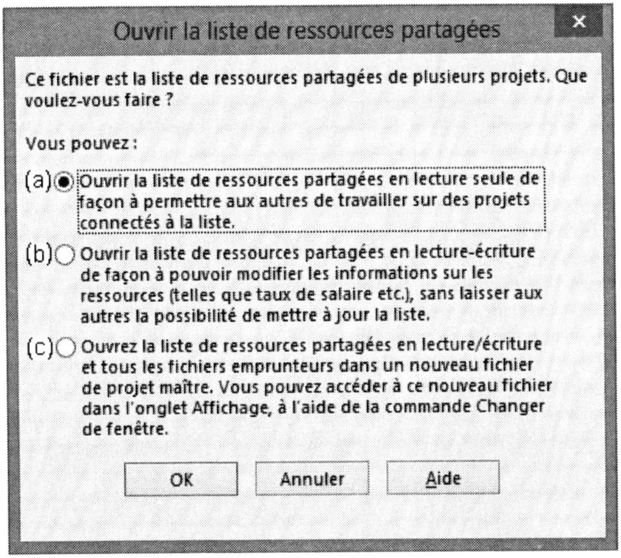

▷ Activez l'option :

(a) Pour ouvrir la liste en lecture seule. Vous pourrez seulement lire les informations sur les ressources, alors qu'un autre utilisateur pourra ouvrir ce fichier en lecture-écriture s'il le souhaite.

(b) Pour ouvrir la liste en lecture-écriture afin de pouvoir gérer la liste des ressources. Dans ce cas, les autres utilisateurs ne pourront ouvrir ce fichier qu'en lecture seule.

(c) Pour ouvrir dans un nouveau projet maître (consolidé) la liste en lecture-écriture ainsi que tous les projets utilisant ces ressources afin de pouvoir analyser l'utilisation de ces ressources à travers ces projets.

▷ Validez votre choix par le bouton **OK**.

D- Regrouper des tâches ou des ressources

Project permet de regrouper les tâches ou les ressources selon les critères de votre choix sans modifier la structure réelle du projet.

▷ Pour regrouper les tâches, affichez-les dans le **Tableau des tâches** (onglet **AFFICHAGE** - groupe **Affichages des tâches** - outil - option **Tableau des tâches**) ou sous forme de **Diagramme de Gantt** (onglet **AFFICHAGE** - groupe **Affichages des tâches** - partie supérieure du bouton **Diagramme de Gantt**).

Pour regrouper les ressources, affichez-les dans le **Tableau des ressources** ou dans le tableau **Utilisation des ressources** (onglet **AFFICHAGE** - groupe **Affichages des ressources** - bouton **Tableau des ressources** ou **Utilisation des ressources**).

▷ Onglet **AFFICHAGE** - groupe **Données** - liste du bouton **Grouper par**

- ▷ Cliquez directement sur un critère de regroupement proposé dans la liste, ou cliquez sur l'option **Plus de groupes** pour visualiser d'autres groupes disponibles.
- ▷ Dans la fenêtre **Plus de groupes**, activez l'option **Tâche** ou l'option **Ressource** selon le cas, puis cliquez sur le groupe correspondant aux critères d'affichage souhaités avant de cliquer sur le bouton **Appliquer**.

⇨ *Pour annuler le regroupement et retourner à l'affichage complet des tâches ou des ressources, choisissez l'option **Aucun groupe** dans la liste du bouton **Grouper par*** .

Liste des indicateurs graphiques

Indicateurs de types de tâche

- La tâche est une tâche répétitive.
- La tâche est achevée.
- La tâche est un projet inséré.
- La tâche est un projet inséré en lecture seule.
- Ce projet a déjà été inséré dans ce projet ou un autre projet principal.
- Un calendrier est appliqué à la tâche.
- La tâche comporte des calendriers de tâches et de ressources sans correspondances.

Indicateurs de contrainte

La tâche est soumise à une contrainte fixe. Exemples :
- Fin Au Plus Tard Le (pour les projets prévus à partir de la date de début).
- Doit Commencer Le (pour tous les projets).

La tâche est soumise à une contrainte moyennement flexible. Exemples :
- Fin Au Plus Tôt Le (pour les projets prévus à partir de la date de début).
- Fin Au Plus Tard Le (pour les projets prévus à partir de la date de fin).
- Début Au Plus Tôt Le (pour les projets prévus à partir de la date de début).
- Début Au Plus Tard Le (pour les projets prévus à partir de la date de fin).

La tâche n'a pas été prévue ou achevée dans le délai de la contrainte.

Indicateurs de profil

- La charge de travail de l'affectation est répartie selon un profil croissant.
- La charge de travail de l'affectation est répartie selon un profil en cloche.
- La charge de travail de l'affectation est répartie entre deux pics.
- La charge de travail de l'affectation est répartie avec un pic de début.
- La charge de travail de l'affectation est répartie selon un profil modifié.
- La charge de travail de l'affectation est répartie de façon décroissante.
- La charge de travail de l'affectation est répartie avec un pic de fin.
- La charge de travail de l'affectation est répartie selon un modèle en plateau.

Indicateurs divers

 Une remarque est attachée à la tâche, la ressource ou l'affectation.

 Un lien hypertexte est associé à la tâche, la ressource ou l'affectation.

 La ressource nécessite un audit.

 La tâche se termine à une date ultérieure à la date d'échéance.

 La ressource est surutilisée.

Raccourcis-clavier

Fichier

Ctrl N ou F11	Nouveau
Ctrl O	Ouvrir
Ctrl P	Imprimer
Ctrl S	Enregistrer
Alt F2 ou F12	Enregistrer sous
Ctrl F4	Fermer
Alt F4	Quitter

Édition

Ctrl C	Copier
Ctrl X	Couper
Ctrl V	Coller
Suppr	Supprimer
Ctrl F	Rechercher
Ctrl H	Remplacer
Ctrl B ou F5	Atteindre
Ctrl F2	Lier les tâches
Ctrl ⇧ F2	Supprimer lier les tâches
Ctrl Z	Annuler

Insertion

Inser	Insérer
Ctrl K	Lien hypertexte

Projet

⇧ F2	Informations sur la ressource/sur la tâche

Touches du mode plan

Alt ⇧ →	Abaisser
Alt ⇧ ←	Hausser
Alt ⇧ -	Masquer les tâches subordonnées
Alt ⇧ +	Afficher les tâches subordonnées
Alt ⇧ *	Afficher toutes les tâches

Pour activer

Alt Espace ou Alt -	Le menu **Contrôle**
F10 ou Alt	La barre des menus

Pour calculer

⇧ F9	Le projet actif
F9	Tous les projets ouverts

Pour fermer

Alt F4	L'application
Ctrl F4	Le projet

Pour afficher

F3	Toutes les tâches/ressources
Alt F3	La boîte **Paramètres de champ**

Pour manipuler la fenêtre du projet

Ctrl F10	L'agrandir
Ctrl F7	La déplacer
⇧ F11 ou Alt ⇧ F1	Nouvelle fenêtre
Ctrl F4	La fermer

Pour rétablir

⇧ F3	Le tri selon un ordre numérique
Ctrl F5	La fenêtre du projet

Touches de l'échelle de temps

Ctrl /	Affichage d'une unité de temps plus petite
Ctrl *	Affichage d'une unité du pavé de temps plus grande numérique)

Touches diverses

Alt F5	Atteindre la surutilisation suivante
F7	Vérifier l'orthographe
F1	Ouvrir l'aide
Ctrl F9	Activer/désactiver le calcul automatique
Ctrl Suppr	Effacer le contenu d'une cellule

A

B

C

D

J

L

M

N

O

P

R

S

T